Anselm Grün

Jesus – Tür zum Leben
Das Evangelium
des Johannes

Anselm Grün

Jesus – Tür zum Leben
Das Evangelium
des Johannes

Kreuz

Inhalt

Einleitung	7
Das Johannesevangelium als mystisches Evangelium	8
Das Johannesevangelium als symbolischer Text	14
Das Johannesevangelium als mythischer Text	17
Das Johannesevangelium als Lesedrama	20
Die geschichtliche Dimension des Johannesevangeliums	22
Auslegung	27
Prolog (1,1–18)	27
Das Zeugnis der ersten Jünger (1,35–51)	35
Zwei Bilder des Heils: Die Hochzeit zu Kana und die Vertreibung der Händler (Joh 2)	39
Gespräch mit Nikodemus (3,1–13)	45
Die Sendung Jesu (3,14–21)	49
Das Gespräch mit der Samariterin am Jakobsbrunnen (4,1–26)	54
Die Heilung des Gelähmten (5,1–9)	60
Die eucharistische Brotrede (6,22–59)	64
Streit um Jesus (7,14–52)	70

Jesus und die Ehebrecherin (7,53 – 8,11)	75
Die Wahrheit befreit (8,30–36)	80
Heilung des Blindgeborenen (9,1–12)	83
Der gute Hirte (10,1–18)	86
Die Auferweckung des Lazarus (11,1–44)	93
Salbung in Betanien (12,1–8)	97
Die letzte öffentliche Rede Jesu (12,20–36)	99
Die Fußwaschung (13,1–15)	106
Die Abschiedsreden (14,1–14)	111
Trostworte an die Jünger (14,15–23)	115
Die Bildrede vom Weinstock (15,1–17)	118
Das Hohepriesterliche Gebet (17,1–5. 20–26)	123
Die Passionsgeschichte (Joh 18–19)	128
Die Deutung der Auferstehung (Joh 20)	140
Die Erfahrung der Auferstehung mitten im Alltag (21,1–14)	146
Unsere Antwort auf das Geschehen Jesu (21,15–25)	149
Literatur	155

Einleitung

Bei meinem Koreaaufenthalt im Mai 2001 hörte ich von einem buddhistischen Mönch, dass er das Johannesevangelium sehr liebe. Gerade dies Evangelium entspräche seinem spirituellen Weg. Er verstehe, was Jesus gesagt und wohin er seine Jünger führen wollte. Ich kenne viele, die den Zen-Weg gehen oder eine andere Form der Meditation üben. Sie alle sind vom Johannesevangelium begeistert. Es ist ihrem Verständnis von Spiritualität am nächsten. Anderen ist das Johannesevangelium zu abstrakt. Die konkreten Heilungsgeschichten aus dem Markusevangelium, die schönen Gleichnisse aus Matthäus und Lukas fehlen ihnen bei Johannes. Exegeten lassen das Johannesevangelium oft links liegen, wenn es gilt, den historischen Jesus zu entdecken. Sie meinen, die Worte, die Johannes uns von Jesus berichtet, seien Ergebnis der johanneischen Theologie und nicht Worte des geschichtlichen Jesus von Nazaret. Andere Exegeten haben sich auf das Johannesevangelium spezialisiert, so etwa der bekannte Würzburger Neutestamentler Rudolf Schnackenburg oder der Jesuit Johannes Beutler.

Ich möchte das Johannesevangelium als mystisches Evangelium auslegen. Dabei habe ich alle Christen und Nicht-Christen im Blick, die von christlicher und außerchristlicher Mystik angezogen werden. Es ist für mich ein großer Segen, dass am Anfang der Kirche das mystische Evangelium des Johannes steht. Denn wir können das Christentum nicht ohne seine mystische Dimension wirklich verstehen. Wenn ich das Johannesevangelium als mystischen Text auslege, dann meine ich damit, dass es uns zur Erfahrung Gottes führen möchte und zu einer neuen Selbsterfahrung. Für den anglikanischen Theologen und Psychologen John Sanford ist das Johannesevangelium eine »Schatzkammer psychologischer und spiritueller Weisheit«. (Sanford 1, S. 9) Es beschreibt unseren Weg der Selbstwerdung und der Einswerdung mit Gott.

Das Johannesevangelium als mystisches Evangelium

Schon auf den ersten Blick merkt man, dass das Johannesevangelium sich von den drei anderen Evangelien abhebt. Da spricht Jesus eine andere Sprache. Da gibt es kaum Berührungen zwischen den Worten Jesu, die die Synoptiker überliefern, und den johanneischen Reden. Clemens von Alexandrien hat schon im zweiten Jahrhundert das Johannesevangelium das pneumatische (das geistige, spirituelle, mystische) Evangelium genannt. Typisch ist für dieses spirituelle Kunstwerk »die von gelassener Ruhe erfüllte Kontemplation« (Bouyer), die überall bei Johannes durchscheint. Das Johannesevangelium will nicht über Jesus informieren. Es führt uns seine Gestalt vielmehr so vor Augen, dass Jesus uns einführt in die Erfahrung Gottes. Johannes nennt Jesus den, der uns Gott offenbart, der ihn in dieser Welt sichtbar und erfahrbar macht. In der Sprache heutiger Mystik würden wir sagen: Jesus führt uns ein in die mystische Erfahrung. Er führt uns über die vordergründige Wirklichkeit hinaus und offenbart uns die eigentliche Wirklichkeit, das, worauf es im Letzten ankommt. Er will im Sichtbaren das Unsichtbare aufscheinen lassen.

Die Exegeten haben sich lange gestritten, aus welchen Quellen das Johannesevangelium schöpft. Bultmann sah die Ähnlichkeit zur Gnosis, einer breiten Bewegung, die die spirituell suchenden Menschen im ersten Jahrhundert bewegte. Andere Exegeten sehen im Johannesevangelium den Einfluss der jüdischen Weisheitspekulation, der Qumranbewegung oder der Lehren des jüdischen Philosophen Philo, der griechische Philosophie mit alttestamentlicher Theologie zu verbinden suchte. Heute ist diese Frage unwichtig geworden. Denn wir wissen, dass das Judentum zur Zeit Jesu vielfältige Strömungen aufwies und viele gnostische und hellenistische Einflüsse in sich aufnahm. Für mich ist die Frage nach den Quellen gar nicht so wichtig. Entscheidend ist für mich, wie ich heute das Johannesevangelium verstehen kann, wie es mir heute auf meine Fragen Antwort gibt. Und da ist für mich der Dialog mit der Mystik wichtig, wie sie nicht nur im Christentum, sondern auch im Islam, im Buddhismus und im Hinduismus praktiziert und gelehrt wird. Es geht mir um die Erfahrung, in die uns der johanneische Jesus einführen möchte. Die Beschäftigung mit der Zen-Meditation hat mir die Augen geöffnet, um manche Worte Jesu auf neue Weise zu verstehen. Wir haben die Worte Jesu so in unser dogmatisches System eingebaut, dass wir sie immer nur von daher verstehen. Es tut gut, die eigene Tradition mal beiseite zu lassen, um möglichst vorurteilsfrei die Texte des Evangeliums auf sich wirken zu lassen. Natürlich ist niemand ohne Vorurteile und ohne Vorverständnis. Trotzdem braucht es ein offenes Hinhorchen, um sich von Jesus in die Weisheit und in die Erfahrung Gottes einweisen zu lassen.

Nicht nur die Gnosis, sondern jede menschliche Philosophie stellt an das menschliche Leben drei Grundfragen: »Woher kommen wir? Wer sind wir? Wohin gehen wir?« Auf diese Fragen will uns auch Johannes eine Antwort geben. Worin besteht das Geheimnis unseres Lebens? Was ist der Mensch? Wie ist seine Beziehung zu Gott? Steht der Mensch für sich allein, oder ist er immer schon in Gott? Johannes ist davon überzeugt, dass der Mensch sich von

Gott entfernt und damit sich auch von sich selbst und seinem göttlichen Kern entfremdet hat. Diese Entfremdung hat dazu geführt, dass der Mensch in sich gefangen war und dadurch liebesunfähig wurde. Die Heilung des Menschen besteht darin, dass er wieder Anschluss bekommt an das göttliche Leben, dass er von göttlichem Leben durchdrungen wird. Gott ist die Liebe. Wenn Gott dem Menschen seine göttliche Liebe schenkt, macht er ihn fähig, aus sich herauszugehen, Gott und den Menschen zu lieben. Die wahre Heilung des Menschen besteht darin, dass er von Gott durchdrungen wird, dass er Sohn und Tochter Gottes wird, dass das göttliche Leben sich in ihn hinein ergießt und in ihm zur Quelle wirklichen Lebens wird.

Zwei der wichtigsten Worte im Johannesevangelium sind: Herrlichkeit und Offenbaren. Schon beim ersten Zeichen, das Jesus wirkt, heißt es: »So tat Jesus sein erstes Zeichen, in Kana in Galiläa, und offenbarte seine Herrlichkeit, und seine Jünger glaubten an ihn.« (Joh 2,11) In diesem Satz kommt das Wesen johanneischer Mystik zum Ausdruck. Jesus offenbart Gottes Herrlichkeit. Er macht in irdischen Dingen, wie in dem zu Wein verwandelten Wasser, an einem ganz bestimmten Ort und in einer geschichtlichen Situation Gottes Glanz und Pracht sichtbar. Doxa heißt aber nicht nur: Herrlichkeit, himmlischer Lichtglanz, Erhabenheit, Pracht, Ehre, sondern bezeichnet auch das Wesen Gottes. Gottes Wesen, Gottes Schönheit, Gottes Liebe werden sichtbar in der geschichtlichen Person Jesu Christi. Doch nur die, die glauben, haben Anteil am göttlichen Lichtglanz. Was Johannes mit diesem programmatischen Satz sagen möchte, würden wir heute eher in der Sprache der transpersonalen Psychologie ausdrücken: Jesus führt uns ein in die tiefere Wirklichkeit allen Seins, in das Wesen der Dinge. Er zeigt uns den göttlichen Lichtglanz, der durch alles Irdische hindurchscheint. Er zeigt uns letztlich die Liebe als den Hintergrund und Urgrund allen Seins. Jesus will uns die Augen öffnen, dass wir den äußeren Schein durchschauen und den Grund allen Seins entdecken: Dieser Grund ist Gott als Liebe, als Schönheit, als Wahrheit, als Fülle des Lebens. Was der johanneische Jesus will, das können auch die Buddhisten verstehen. Jesus offenbart uns Gott. Er macht Gottes Lichtglanz sichtbar. Er führt uns hinter den Schein an die eigentliche Wahrheit unseres Seins. Und er führt uns über unsere irdischen Bedürfnisse hinaus zu unserer tiefsten Sehnsucht, zu unserem Hunger und Durst nach Gottes Liebe und Gottes Leben. Jesus spricht ähnlich wie buddhistische Meister in einer hintergründigen und bildhaften Sprache. Er öffnet uns mit seinen Bildern die Wirklichkeit auf ihren göttlichen Grund hin. Bilder sind Fenster, durch die wir das Eigentliche schauen.

Die vier wichtigsten Schlagworte der Gnosis und jeder Mystik sind: Weg, Licht, Leben und Wahrheit. Johannes bezieht diese vier Bilder auf Jesus. Er ist der Weg und zeigt uns den Weg zum wahren Leben. Er ist Licht. Er erhellt uns unser menschliches Dasein. Für Rudolf Bultmann bedeutet Licht »das Erhelltsein des Daseins, meiner selbst« (Bultmann, S. 22). In Jesus verstehen wir, wer wir eigentlich sind. Und nur wer sich selbst versteht, lebt wirklich. Psychologisch bedeutet Licht »Erleuchtung, Erkenntnis und Aufklärung« (Sanford 1, S. 129). Der Weg der Selbstwerdung ist »Einübung in das Leben im Licht« (ebd., S. 130). Christus ist das innere Licht, das uns von innen her erhellt. Und dieses innere Licht kann nichts und niemand auslöschen. Für die Gnosis bezeichnet Licht zugleich Heil und Glück. Jesus ist das wahre Licht, das uns erleuchtet, das uns wahres Leben ermöglicht. So ist Jesus Licht und Leben.

Leben ist ein zentraler Begriff im Johannesevangelium. Johannes verwendet das griechische Wort »zoe«, das im Gegensatz zu »bios« = physisches Leben das Prinzip des

Lebens meint, Lebendigkeit, Lebensqualität, Fülle des Lebens. 52mal kommt das Wort »Leben« und »Lebendigmachen« vor, für jede Woche des Jahres. Als der, der uns das wahre Leben bringt, erfüllt Jesus unsere tiefste Sehnsucht. Die Sehnsucht nach Leben prägt nicht nur die Gnosis im ersten Jahrhundert. Sie ist auch die eigentliche Sehnsucht unserer Zeit. Werner Huth, bekannter Münchner Therapeut, hat als die häufigsten Symptome der Klienten, die zu ihm in die Therapie kommen, das Gefühl eines inneren Abgestorbenseins, Beziehungsstörungen und Orientierungslosigkeit festgestellt. (Vgl. Huth, S. 474) Genau auf diese Grundnöte des heutigen Menschen will das Johannesevangelium antworten. Dem Menschen, der innerlich abgestorben ist, der sein geistiges Zentrum verloren hat, will es den Weg zum wahren Leben und zur Lebendigkeit aufzeigen. Den Menschen, der beziehungsunfähig und liebesunfähig geworden ist, will es in das Geheimnis der Liebe einführen. Und dem orientierungslos gewordenen Menschen zeigt es den Weg zum Licht und zur Wahrheit, dass sich seine menschliche Existenz erhellt und er den Sinn seines Lebens erkennt. Der Schweizer Therapeut C. G. Jung spricht von »lebenden Toten«. Wer unbewusst lebt, der ist bereits so gut wie tot: »Es ist tödlich für die Seele, unbewusst zu werden. Menschen sterben, bevor der Tod des Körpers eintritt, weil der Tod in der Seele hockt... Diese toten Seelen sind oft ständig auf Achse, um Problemen zu entfliehen; sie sehen gejagt aus und sind eine einzige Maske von Angst.« (Jung, S. 119) Jesus will den Menschen zum Leben führen, indem er seine Seele mit Leben, mit innerer Lebendigkeit erfüllt. Jesus spricht vom ewigen Leben. Wenn er uns innerlich lebendig macht, bekommen wir Anteil an dem, was unvergänglich ist. Das Leben weist über sich hinaus auf das göttliche Leben. (Vgl. Sanford 1, S. 205)

Ein wichtiges Bild der Mystik ist das des Aufwachens

zur Wirklichkeit. Wir leben in Illusionen. Wir haben uns ganz bestimmte Vorstellungen von der Welt und von unserem Leben gemacht und halten diese Vorstellungen für die eigentliche Wirklichkeit. Doch unser Leiden rührt daher, dass wir uns an unsere Vorstellungen binden. Jesus lädt uns ein, die Augen aufzumachen und hinter den Schein zu schauen, das wahre Wesen der Dinge zu erkennen. Jesus selbst ist die Wahrheit. In ihm kommen wir in Berührung mit der wahren Wirklichkeit. Die Griechen sprechen von der »gnosis ton onton alethes«, die Hindus von der Tattva, von der Wesenheit der Dinge. Wer frei wird von seinen Illusionen, der erfährt das wahre Heil. Er wird frei vom Kreisen um sein Ego. Er gerät in Berührung mit dem wahren Sein. Er wird eins mit sich selbst, mit Gott und mit der Wirklichkeit. Mystik ist immer Erfahrung von Einswerden. Das Johannesevangelium spricht häufig vom Einswerden und Einssein. Das sind keine spekulativen Begriffe, sondern Erfahrungen, in die uns Jesus führen möchte. Wer sich als eins erfährt mit Gott und mit sich selbst, der ist auf seinem Weg der Selbstwerdung ans Ziel gelangt. Denn darin besteht das Geheimnis jeder Menschwerdung, dass der Mensch in Einklang kommt mit sich und der Wirklichkeit. Mystik ist nie nur Gotteserfahrung, sondern immer auch der Weg zu wahrer Lebendigkeit und zu unserem wahren Selbst.

Anstatt mir über die Quellen des Johannesevangeliums Gedanken zu machen, möchte ich in den Texten Antworten auf die Fragen finden, die mich umtreiben und die viele beschäftigen, die ich auf ihrem spirituellen Weg begleite. Dabei weiß ich, dass die Brille, mit der ich auf das Evangelium schaue, subjektiv ist, geprägt von meinem spirituellen Weg, vom Dialog mit buddhistischer und hinduistischer Mystik und von meiner Beschäftigung mit der transpersonalen Psychologie. Letztere hat erkannt, dass die eigentliche Heilung des Menschen darin besteht, dass er mit seinem wahren Selbst und mit der Wirklichkeit in Berührung kommt, dass er seine Abhängigkeit von seinen Bedürfnissen durchschaut. Das Bedürfnis nach Einssein – so meint der indische Jesuit de Mello – wird nicht durch möglichst viele gesellschaftliche Erlebnisse geheilt, sondern allein »durch Nähe zur Wirklichkeit«, indem wir mit dem Eigentlichen in Berührung kommen, mit Gott als dem Grund unseres Lebens. Der amerikanische Psychologe James Bugental sieht das Ziel jeder Therapie darin, die innere Heimat zu entdecken, Gott als das eigentliche Zentrum meines Seins. Solange ich in äußeren Methoden oder Techniken mein Heil suche, werde ich mein Leben lang herumirren, ohne wirkliche Hilfe zu finden. (Vgl. Grün, S. 36 ff) So ist für mich das Johannesevangelium ein wichtiger Weg zum wahren Leben und zur Heilung meiner inneren Zerrissenheit geworden. In diesem Sinn möchte ich die Texte auslegen.

Das Johannesevangelium als symbolischer Text

Wir können das Johannesevangelium nur verstehen, wenn wir seine symbolische Sprache wahrnehmen. Symbolisch heißt für Johannes nicht, dass er Jesus in eine bloße Bildhaftigkeit auflöst. Ihm ist es wichtig, dass Jesus Mensch geworden ist und eine einmalige Geschichte hat. Die Exegeten sind sich darüber einig, dass Johannes sehr genaue Ortskenntnisse von Jerusalem und Galiläa hat, dass er in vielen Einzelheiten historisch genauer ist als etwa Lukas und Matthäus. Aber er berichtet die Geschichte nie nur um der Geschichte willen. Das, was historisch geschehen ist, hat zugleich eine tiefere, eine symbolische Bedeutung. Augustinus meint, die symbolische Darstellung würde uns viel stärker bewegen als reine Aussagesätze: »Es ist eine Tatsache, dass alles, was wir durch Allegorien oder Symbole lernen, uns stärker bewegt und erfreut und uns viel wichtiger ist, als wenn es in eindeutig verständlichen Formulierungen ausgedrückt wäre.« (Augustinus, Briefe 50,11.21) Das ist wohl der Grund, warum das Johannesevangelium so viele Menschen innerlich bewegt. Wenn ich bei Kursen die Menschen frei assoziieren lasse, welche Schriftworte ihnen einfallen, zitieren sie meistens Worte aus dem Johannesevangelium. Sie haben offensichtlich ihr Herz am stärksten berührt und bewegt.

Vor allem die französischen Bibelwissenschaftler haben die symbolische Lektüre des Johannesevangeliums entfaltet. Ihnen ist das deutsche wissenschaftliche Denken gerade für das Johannesevangelium zu trocken und zu abstrakt. Als Symbol definiert Lalande »das, was aufgrund einer analogen Entsprechung etwas anderes repräsentiert«. (Dufour, S. 332) Alles, was Johannes uns berichtet, erscheint als »Zeichen einer geheimnisvollen Wirklichkeit«. (Ebd., S. 331) Es bedeutet noch etwas anderes, etwas Tieferes. Wasser ist nicht nur der Stoff mit einer ganz bestimmten chemischen Zusammensetzung. Wasser ist Symbol für Leben, für Erneuerung, für Reinigung, aber auch für Zerstörung und Überschwemmung. Für Johannes hat alles eine tiefere Bedeutung. Wenn Jesus sagt »Unser Freund Lazarus schläft« (Joh 11,11), dann meint das den Tod des Lazarus, aus dem ihn Jesus aber wieder erwecken wird wie aus einem Schlaf. Und das Wort zeigt nicht nur den Zustand des Lazarus, sondern auch unseren eigenen: Wir schlafen. Wir sehen die Wirklichkeit nicht so, wie sie ist. Wir haben uns Illusionen über unser Leben und über die Welt gemacht. Und gerade darin besteht unser Tod. Wir sind nicht in Kontakt mit der wirklichen Welt. Jesus will uns durch den Glauben jetzt schon vom Tod zum Leben erwecken. Er will uns die Augen öffnen, damit wir die Wirklichkeit sehen, wie sie von Gott her ist.

Symbol kommt eigentlich von »symballein« = zusammenwerfen. Johannes beherrscht die Kunst, immer schon zwei Bereiche zusammen zu sehen: Er sieht in den einzelnen Worten den jüdischen und den christlichen Hintergrund, das Geschichtliche und das Geistige, das durch das Geschichtliche ausgedrückt wird, den irdischen und den auferstandenen Jesus. Johannes sieht immer schon das Jetzt des Geistes zusammen mit der Vergangenheit Jesu, eines Menschen aus Fleisch und Blut, der in Israel gelebt hat. »Von diesen beiden Zeiten zeugt letztlich der Text, und der Evangelist will uns zeigen, dass die erste Zeit Symbol ist für die zweite und dass die zweite ohne die erste nichts als freischwebende Gnosis wäre.« (Dufour, S. 335) Die symbolische Sprache des Johannes zeigt sich in der Kunst, Worte zu suchen, die immer auch einen tieferen Sinn in sich bergen. Das, was Jesus tut, ist immer schon Zeichen für etwas anderes, Tieferes, für etwas Geistiges, für etwas, das Jesus durch den Geist auch heute an uns wirkt, für das, was in der Tiefe unserer Seele an uns geschieht, wenn wir uns auf den Weg der Selbstwerdung machen.

Johannes verwendet auch die damals weit verbreitete Zahlensymbolik. Bei ihm sind es vor allem die beiden heiligen Zahlen drei und sieben, die immer wieder auftauchen. Drei ist Symbol für den dreifaltigen Gott, sieben für die Verwandlung des Menschen durch das göttliche Leben. Dreimal wird das Osterfest erwähnt, dreimal war Jesus, in Galiläa, am Kreuz spricht er drei Worte. Sieben Zeichen werden berichtet. Es gibt sieben Zeugnisse für Jesus, und Jesus selbst spricht siebenmal von sich: »Ich bin das Brot des Lebens, das Licht der Welt, die Tür, der gute Hirte, die Auferstehung und das Leben, der Weg, die Wahrheit und das Leben. Ich bin der wahre Weinstock.« Die Spannung zwischen sechs, der Zahl der Unvollkommenheit, und sieben, der Zahl der Verwandlung, wird deutlich in den sechs Krügen Wasser, die auf den siebten Krug, das geöffnete Herz Jesu am Kreuz, verweisen, und in den sechs Männern, die die Samariterin hat, die durch Jesus als dem siebten Mann abgelöst werden.

Johannes beherrscht die Kunst der symbolischen Sprache. Er erzählt uns die Geschichte Jesu so, dass sie für uns bedeutsam wird. Und er legt Jesus Worte in den Mund, die nie nur die äußere, sondern immer auch eine innere Wirklichkeit bezeichnen. Brot, Tür, Weinstock, Wasser, Hirte, all diese Begriffe bezeichnen nie nur das Vordergründige, sondern etwas Tieferes, etwas, das das menschliche Herz bewegt. Der Grund der johanneischen Symbolik ist die Menschwerdung Gottes in Jesus Christus. In Jesus hat sich das Ewige mit dem Menschlichen zutiefst verbunden, das Göttliche ist eins geworden mit dem Irdischen. Jesus ist ganz Mensch. Er weint am Grab des Lazarus. Er setzt sich ermüdet von der Reise am Rand des Jakobsbrunnens nieder. Und zugleich ist er ganz Gott. Diese Einheit Gottes mit dem Menschen Jesus lädt uns ein, über uns hinauszuwachsen und unsere wahre menschliche Würde zu entdecken. Jesus zeigt uns in seiner bildhaften Sprache auf, wer wir eigentlich sind. Jesus spricht symbolisch, er wirft das Göttliche und Menschliche zusammen (= »symballein«), weil er in sich Gott und Mensch vereint.

Das Johannesevangelium als mythischer Text

Ludger Schenke nennt das Johannesevangelium einen mythischen Text, der oft in einer Rätselrede spricht, »die ihren Gegenstand ebenso verbirgt wie offenbart«. (Schenke, S. 410) Über das Geheimnis Gottes kann Johannes nur in einer rätselhaften Sprache sprechen. Denn man kann von Gott nicht wie über etwas Irdisches, Sichtbares, Vorzeigbares sprechen. Das Über-Irdische kann nur in einer mythischen Sprache zum Ausdruck kommen, die die Tiefe der Wirklichkeit aufleuchten lässt. Die Worte Jesu sind daher nicht nach einer innerweltlichen Logik zu verstehen. Die manchmal schwebende und paradoxe Sprache des Johannesevangeliums ist nicht Zeichen mangelnder Begabung. »Sie wird vielmehr bewusst eingesetzt, um eine Wirklichkeit auszusagen und zu beschreiben, die sich nicht auf den Begriff bringen lässt. Die im Johannesevangelium verwendeten Bildworte versetzen sich gegenseitig in einen Schwebezustand, so dass sie gültig sind und doch nicht endgültig, veranschaulichen, aber nicht zur Anschauung bringen, bildhaft darstellen und gleichwohl nicht abbilden. Die Sprache Jesu im Johannesevangelium ist rätselhaft und geheimnisvoll, weil sie das Geheimnis und Rätsel seines Seins und Handelns zur Sprache bringt. Sie nähert sich dem unsagbaren Geheimnis so an, dass sie es bestehen lässt.« (Schenke, S. 411)

Ein Aspekt der rätselhaften und mythischen Sprache des Johannesevangeliums sind die vielen so genannten johanneischen Missverständnisse. Die Dialogpartner Jesu, sei es die Samariterin, sei es Nikodemus, seien es die Jünger oder die gegnerischen Juden, verstehen die Worte Jesu falsch. Johannes wendet dieses Stilmittel bewusst an, um uns aufzufordern, noch tiefer in das Geheimnis der Liebe Gottes einzudringen, noch mehr nachzudenken, bis wir zur eigentlichen Wirklichkeit vorstoßen, zur Wirklichkeit Gottes in unserem Leben. Die Missverständnisse laden uns ein, in uns selbst die Quelle des göttlichen Lebens zu entdecken, in uns das Leben zu erkennen, das jetzt schon dem Tod entrissen ist. Und sie laden uns ein, in Jesus den Sohn Gottes und die Erscheinung der göttlichen Herrlichkeit zu sehen. Diese Missverständnisse ähneln den Koans im Zen-Buddhismus, mit dem Verstand nicht erfassbare Rätselworte, die uns zwingen, das intellektuelle Denken hinter uns zu lassen und das Eigentliche, nicht mehr Aussprechbare, zu erahnen.

Die mythische Sprache des Johannesevangeliums besagt nicht, dass hier ein Mythos erzählt wird wie in vielen anderen Völkern. Vielmehr bezieht sich Johannes auf ein geschichtliches Ereignis. Die reine Geschichte hat jedoch für uns keine Bedeutung, wenn sie nicht gedeutet wird. Um die Tiefe und Bedeutsamkeit geschichtlicher Ereignisse auch für kommende Generationen aufzuzeigen, eignet sich die mythische Sprache. Indem Johannes das geschichtliche Wirken Jesu als Mythos erzählt, spricht er dem damals Geschehenen ewige Gültigkeit zu. (Vgl. Schenke, S. 413) Wir können von Gott nie objektivierend erzählen. Wir können Gott durch unsere Sprache nicht vereinnahmen. Allein der mythischen Sprache gelingt es, von Gottes Anwesenheit auf Erden zu erzählen und »über das wahre Sein der Dinge und über Wirklichkeiten zu reden, die die Welt transzendieren«. (Ebd., S. 414) Die mythische Sprache will dem Leser gegenüber nicht argumentieren. Sie verzichtet darauf, für die Wahrheit des Mythos zu werben. »Seine Wahrheit erschließt sich unmittelbar, oder sie bleibt fremd und rätselhaft.« (Ebd., S. 415) Sie öffnet sich nur dem Eingeweihten. Über die Erscheinung von Gottes Herrlichkeit in Jesus Christus kann man nicht objektivierend sprechen, auch nicht rein theologisch, sondern nur in mythisch-religiöser Sprache.

Hier auf dieser Erde können wir nur rätselhaft über Gott reden. »An jenem Tag«, wenn wir im Tod zu Gott kommen und ihn von Angesicht zu Angesicht schauen, da wird Jesus offen zu uns sprechen. Doch bis dahin müssen wir uns einüben in die mythische Sprache, die uns das Johannesevangelium anbietet. Johannes will uns dabei helfen, uns in die Rätselsprache Jesu einzuweihen und in Jesu Sprachwelt heimisch zu werden. Jünger und Leser »sollen eine Sprache erlernen, mit der sie die mit Jesus in die Welt gekommene Wirklichkeit Gottes im tiefsten benennen können«. (Ebd., S. 416)

Das Johannesevangelium als Lesedrama

Ludger Schenke hat das Johannesevangelium als Lesedrama bezeichnet. 60 Prozent des Johannesevangeliums fallen auf die großen Dialogszenen. Und auch vom übrigen Stoff ist nochmals die Hälfte durch kleinere Dialoge und Monologe gekennzeichnet. Nur 20 Prozent entfallen also auf reine Erzählung. Während Lukas sein Evangelium »Erzählung« genannt hat, darf man daher das Johannesevangelium zu Recht als Drama bezeichnen. Nach Aristoteles ist ein Drama »die Darstellung einer vollkommenen und abgeschlossenen Handlung voller Größe ... Ein Ganzes ist eine Handlung, wenn sie Anfang, Mitte und Ende hat.« (Schenke, S. 399) Der Anfang des Johannesevangeliums »ist das Erscheinen des göttlichen Logos im Menschen Jesus vor der Öffentlichkeit Israels. Sein Ende ist die Ablehnung und Tötung des Menschen Jesus durch die Juden. (...) Die Mitte des Dramas bildet die Darstellung und Entwicklung eines zentralen Konflikts. Es wird der Prozeß gezeigt, wie aus den Hörern Jesu allmählich Gegner, wie aus Galiläern und Jerusalemern die Juden wurden.« (Ebd., S. 399) Das Drama wird vor allem in den Dialogszenen entfaltet, in denen sich langsam die zwei Gruppen herausbilden: die Gruppe derer, die an Jesus glauben, und die Gruppe derer, die ihn ablehnen. Die Wirkung des Dramas besteht für die Griechen in der Reinigung der Gefühle. Das Ziel des Johannesevangeliums ist dagegen, die Leser, die sich für Jesus entschieden haben, zu stärken, zu ermutigen und zu trösten und ihnen Klarheit über ihre Existenz als glaubende Christen zu schenken.

Das Drama um Jesus wird dem Leser so geschildert, dass er an den Auseinandersetzungen um Jesus teilnimmt. Der Leser wird in den Dialogen immer wieder in den Prozess der Entscheidung mit hineingezogen. Deshalb gelten die Offenbarungsgespräche nie nur den Menschen, zu denen Jesus damals gesprochen hat, sondern immer schon dem Leser. Der Lernprozess braucht lange Zeit. Daher kennt das Johannesevangelium die vielen Dialoge. Der Leser muss sich immer wieder neu mit den Argumenten für oder gegen Jesus auseinandersetzen, um sich dann endgültig für ihn zu entscheiden. Seine Zweifel an Jesus werden formuliert, seine Widerstände, seine Argumente gegen das Erscheinen Gottes in diesem Menschen aus Nazaret werden den Gegnern Jesu in den Mund gelegt. In Wirklichkeit sind es die vielen Gedanken, die dem Christen durch den Kopf gehen, wenn er an Jesus denkt. Er ist von Jesus fasziniert, und zugleich zweifelt er daran, dass ausgerechnet in diesem Mann aus Nazaret Gottes Herrlichkeit erschienen ist. Jesus versucht, in seinen Antworten den Leser für sich zu gewinnen. Glauben ist für Johannes ein ständiger Lernprozess. Die Leser haben sich schon für Jesus entschieden. Aber sie müssen sich immer wieder neu für ihn entscheiden. Der Glaube braucht eine beständige Vertiefung, damit er in einer glaubenslosen Umgebung durchgehalten werden kann.

Der Leser wird nicht nur in das Lesedrama hineingezogen. Er steht auch außerhalb. Er weiß schon mehr als die Dialogpartner Jesu. Er sieht das Geschehen um Jesus schon immer vom Prolog her, der das Erscheinen des göttlichen Logos in Jesus erklärt, und von der Auferstehung Jesu her. Der Autor gibt während der Dialoge immer wieder einmal Kommentare und bringt Schriftzitate, um zu zeigen, dass sich in Jesus die Verheißungen der Bibel erfüllen. »Häufig wendet sich der Autor direkt an die Leser, indem er ihnen fremde Ausdrücke übersetzt

(1,38.41; 9,7; 20,16) oder aufklärende Informationen gibt (3,24; 4,2; 11,2; 19,35; 21,24). Ihm liegt daran, dass sie Jesu Wirken und Worte richtig und in ihrer tiefen Bedeutung verstehen. Sie sollen durch das Lesen des Werkes etwas lernen.« (Schenke, S. 400) Der Lernprozess der Jünger gipfelt in dem Bekenntnis des Thomas: »Mein Herr und mein Gott.« (Joh 20,28) Ein Jünger nimmt nicht am Lernprozess der anderen teil: Es ist der Jünger, den Jesus liebte. Er erkennt von Anfang an das Geheimnis Jesu. Er ist nicht Lernender, sondern Zeuge für das, was geschehen ist. Und wie er sollen die Leser die wahre Bedeutung Jesu erfassen. Jesus ist der Sohn Gottes. In diesem historischen Menschen Jesus von Nazaret ist die Herrlichkeit Gottes erschienen. Johannes schildert in sieben Wunderzeichen das Aufleuchten dieser Herrlichkeit. Aber es ist nicht selbstverständlich, dass die Menschen daran glauben. Daher werden die Leser durch die Dialoge eingeladen, diese Zeichen richtig zu verstehen und auf sie mit dem Glauben zu antworten: »Mein Herr und mein Gott.«

Die geschichtliche Dimension des Johannesevangeliums

Den Exegeten ist aufgefallen, dass Johannes die geschichtlichen Tatsachen um Jesus sehr genau kennt. Er hat wohl den zeitlichen Rahmen der öffentlichen Tätigkeit Jesu geschichtlich am genauesten beschrieben. Seine Chronologie der Passion dürfte historisch eher stimmen als die der Synoptiker. Das zeitliche und örtliche Auftreten Johannes des Täufers finden wir im Johannesevangelium am plausibelsten dargestellt. Die geschichtliche Genauigkeit ist jedoch für Johannes nie Selbstzweck. Ihm ist wichtig, dass der Logos wahrhaft Fleisch geworden ist, dass er in einem ganz konkreten, geschichtlich auftretenden Menschen erschienen ist. Aber alles Geschichtliche hat immer auch eine tiefere Bedeutung. Doch die Bedeutung darf nicht vom Historischen gelöst werden. Sonst schwebt es im luftleeren Raum.

Zur geschichtlichen Dimension des Johannesevangeliums gehört auch die Frage nach der Autorschaft und der Entstehungszeit. Dass das Evangelium von Johannes stammt, sagt uns die frühchristliche Tradition. Doch im Evangelium selbst steht nichts davon. Die Exegeten gehen davon aus, dass der anonyme Jünger, den Jesus liebte, der Autor ist, oder dass jemand aus der Schule dieses Jüngers das Evangelium verfasst hat. Es gab viele Untersuchungen darüber, ob das Johannesevangelium aus verschiedenen Schichten besteht, ob verschiedene Autoren oder Redaktoren an ihm gearbeitet haben. Manche Exegeten stellen daher die Kapitel und die einzelnen Texte um. Ich gehe davon aus, dass der Text so, wie er dasteht, ein einheitliches und kunstvolles Gebilde ist. Daher mache ich mir keine Gedanken, ob der Text einmal anders zusammengesetzt war. Ziemlich klar ist, dass das 21. Kapitel offensichtlich nachträglich hinzugefügt wurde. Aber es nimmt die Theologie des Evangeliums auf und führt sie weiter. Es gehört daher zum Ganzen der johanneischen Theologie. Ich nehme das Evangelium so, wie es ist. So ist es mir von den Glaubenszeugen überliefert. So ist es Heilige Schrift. So wirkt es auf mich. So will es seine heilende und erhellende Wirkung entfalten. Wenn ich in der Auslegung immer von »Johannes« als Autor spreche, dann ist damit stets der Autor gemeint, dessen Namen wir in Wirklichkeit nicht kennen.

Der Autor des Johannesevangeliums scheint in dem »Ich« auf, mit dem er das Evangelium abschließt: »Wenn man alles aufschreiben wollte, so könnte, wie ich glaube, die ganze Welt die Bücher nicht fassen, die man schreiben müsste.« (Joh 21,25) Wer sich hier als »ich« zu Wort meldet, ist der eigentliche Autor. Doch er bezieht sich auf den Jünger, den Jesus liebte: »Dieser Jünger ist es, der all das bezeugt und der es aufgeschrieben hat; und wir wissen, dass sein Zeugnis wahr ist.« (Joh 21,24) Der Lieblingsjünger hat also das Evangelium aufgeschrieben. Doch das »Ich« ist offensichtlich der Redaktor, der das ihm Überlieferte in eine endgültige Form gebracht hat. Der Lieblingsjünger ist zur Zeit der Abfassung des Evangeliums schon gestorben. Sein Tod wird von den Brüdern als Problem empfunden. (Joh 21,23) Doch das Evangelium tröstet sie mit dem Hinweis darauf, dass das Zeugnis dieses Jüngers, den Jesus liebte, weiter geht. Wir haben seine Worte. Und seine Worte zeugen von Jesus, dem Sohn Gottes, in dem Gottes Herrlichkeit für uns aufgeleuchtet ist und heute immer wieder neu aufleuchten möchte, wenn wir seine Worte lesen.

Der Jünger, den Jesus liebte, wird zum ersten Mal beim letzten Abendmahl eingeführt. Er liegt an der Seite Jesu. Dann erscheint er unter dem Kreuz neben Maria. Und er läuft gemeinsam mit Petrus zum Grab. Da er schneller ist, kommt er zuerst am Grab an. Doch er lässt dem Petrus den Vortritt. Auch im letzten Kapitel wird gezeigt, dass der Lieblingsjünger eigentlich dem Petrus überlegen ist. Er erkennt als Erster in dem Mann am Ufer den Auferstandenen: »Es ist der Herr.« (Joh 21,7) Der Vorrang des Petrus wird jedoch nicht bestritten. Jesus setzt Petrus zum Hirten über seine Gemeinde ein. Doch der Lieblingsjünger hat den Vorrang in dem Zeugnis, das er von Jesus ablegt. Er gehört sicher nicht zum Kreis der Zwölf. Er wird auch nie mit dem Zebedäussohn Johannes identifiziert. Er hat in der Kirche kein Amt inne, sondern gilt seiner Gemeinde als der eigentliche Zeuge Jesu. Er führt sie ein in das Geheimnis Jesu Christi und zeigt ihr die Tiefendimension des Geschehens um Jesus auf.

Die Exegeten sprechen von der johanneischen Gemeinde, für die der Lieblingsjünger eine besondere Bedeutung hatte. Diese Gemeinde bestand offensichtlich aus Judenchristen, die von den Pharisäern Hass und Feindschaft erfuhren. Sie hat also einen jüdischen Ursprung. Wenn »die Juden« im Johannesevangelium so schlecht wegkommen, so ist das kein Antijudaismus. »Die Juden« stehen vielmehr für die Menschen, die Jesus ablehnen, für alle, »die in gewohnten Mustern gefangen sind und sich nicht für das neue Leben des Geistes öffnen« (Sanford, S. 1,172). Innerhalb der Juden gibt es die wahren Israeliten, die in Übereinstimmung mit der Überlieferung des Alten Testamentes Jesus als den wahren Messias verstehen. Der manchmal polemische Ton gegenüber »den Juden« ist historisch bedingt. Nach dem jüdischen Krieg haben sich die Pharisäer auf der Synode von Jamnia bewusst von den Judenchristen getrennt und sie aus der Synagoge ausgeschlossen. Damit haben sie sich – nach dem Verständnis des Johannesevangeliums – vom eigentlichen Israel abgeschnitten. Jetzt ist die johanneische Gemeinde die eigentliche Repräsentantin Israels. Zu ihr gehören ehemalige Johannesjünger, die wahren Israeliten und vermutlich auch Samaritaner und Griechen, die aus dem Heidentum zur christlichen Gemeinde stießen. Sie sind die »anderen Schafe, die nicht aus diesem Stall sind« (Joh 10,16). Aber auch für sie hat Jesus sein Leben hingegeben. Auch sie führt er als der gute Hirte. Das Johannesevangelium bezieht sich in manchen Aussagen auf die Situation der johanneischen Gemeinde. Sie wird von den pharisäischen Kreisen angefeindet. Ja, manche Juden meinen gar, sie würden einen Gottesdienst verrichten, wenn sie einen Christen töteten. »Die Situation der Jesusbekenner ist bedrückend und notvoll. Sie sind eine von ihrer jüdischen Umwelt unterdrückte Minderheit (16,20.22). Ihre Verfolger sind Juden, und zwar speziell Pharisäer.« (Schenke, S. 423)

Eine andere historische Frage bezieht sich auf die Zeit und den Ort für die Abfassung des Johannesevangeliums. Diese Frage hängt eng zusammen mit der Frage nach dem Ort, an dem die johanneische Gemeinde gelebt hat. Ludger Schenke plädiert dafür, dass die Gemeinde in Transjordanien, in den Landschaften Gaulanitis und Batanäa ihren Sitz hatte. Denn der schmerzliche Ausschluss aus der Synagoge verlangt nach einer jüdischen Umgebung. Doch es könnte sein, dass diese Gemeinde später nach Ephesus ausgewandert ist und dass das Johannesevangelium dort seine endgültige Gestalt gefunden hat. Die altkirchliche Tradition spricht jedenfalls davon, dass der Autor des Johannesevangeliums in Ephesus gelebt habe, und zwar bis in die Zeit Trajans hinein (98–117 n. Chr.). Es war offensichtlich eine kleine Gemeinde, die nicht nur unter der jüdischen Verfolgung litt, sondern auch unter der Spaltung, die in ihr selbst aufgetaucht war. Trotzdem hielt die Gemeinde daran fest, dass Gott in Jesus das Heil der ganzen Welt will, dass Jesus für alle Menschen gestorben ist und alle gerettet werden sollen.

Auslegung

In der Auslegung wichtiger Stellen geht es mir immer um die Erfahrung, in die uns diese Worte und Szenen einweisen möchten. Es genügt nicht, nur rein theologisch über diese Worte zu diskutieren. Ich verstehe das Johannesevangelium in erster Linie als mystisches und spirituelles Evangelium. Es will uns die Hintergründigkeit unseres Daseins vor Augen führen. Es will uns zeigen, wie wir hier in dieser Welt von einer anderen Wirklichkeit her leben können. Daher schaue ich auf die Worte immer schon von der mystischen Tradition und von der transpersonalen Psychologie her, die heute versucht, die mystische Sprache in eine psychologische Sprache zu übersetzen, nicht um die mystische Dimension auf Psychologie zu reduzieren, sondern um zu zeigen, dass die mystische Erfahrung heilend und befreiend für den Menschen ist, dass der Mensch erst ganz Mensch wird, wenn er Gott erfährt und in Gott sich selbst auf neue Weise erkennt und begegnet.

Prolog (1,1–18)

Matthäus und Lukas berichten uns eine Vorgeschichte des Wirkens Jesu. Sie beschreiben, wie und unter welchen Umständen Jesus als Mensch geboren wurde. Bei Johannes wird nicht das Wie beschrieben, sondern nur das Dass. Johannes berichtet und erzählt nicht, sondern er besingt in einem Lied das Geheimnis der Menschwerdung Gottes in Jesus Christus. Für Johannes ist es ganz wichtig, dass Jesus Mensch geworden ist. Früher meinten manche Exegeten, Johannes würde die Gottheit Jesu so betonen, dass die Menschheit in den Hintergrund tritt. Doch während die Synoptiker Jesus insgesamt nur dreimal als Mensch bezeichnen, finden wir diese Bezeichnung bei Johannes insgesamt 19mal. Jesus ist gerade als voller Mensch die Offenbarung Gottes. Johannes glaubt nun, dass man das Geheimnis der Menschwerdung Gottes nicht erzählen und auch nicht in rein theologischer Sprache zum Ausdruck bringen kann. Man kann davon nur ein Lied singen, einen Hymnus, der in Bildern das Geheimnis der Menschwerdung preist. Darin kommt das Wesen johanneischer Theologie zum Vorschein. (Vgl. Beutler, S. 37 ff) Johannes beschreibt uns in Bildern das Geheimnis Jesu. Wenn wir den Prolog nun auslegen, ist es immer wichtig, sich an die Bildhaftigkeit der Worte zu halten.

Der Prolog ist wohl der schönste christliche Hymnus auf die Menschwerdung, den wir kennen. Er hat vier Strophen, in denen das Geheimnis der Menschwerdung beschrieben wird. Das Wort ist Fleisch geworden, darin gipfelt die Aussage. Die Exegeten haben darüber nachgedacht, ob das Wort Logos von Philo genommen ist. Da kann es sicher Parallelen geben, aber noch mehr Parallelen finden wir in der jüdischen Weisheitsspekulation. Im Buch der Weisheit wird die Weisheit wie eine eigene Person geschildert, die unter uns wohnt. Genauso will das Wort unter uns wohnen, sein Zelt unter uns aufschlagen. Wort und Weisheit wollen zeigen, wie Gott sich uns offenbart. Sie werden gleichsam als eigene Personen gesehen, durch die sich der ferne Gott uns mitteilt, Mittler zwischen Gott und den Menschen. Der Hintergrund dieses wunderbaren Hymnus ist vielleicht auch die Gnosis, für die der Logos ein wichtiger Mittler zwischen Gott und Mensch war.

»Im Anfang war das Wort.« (Joh 1,1) Mit diesem Vers verfolgt Johannes die Herkunft Jesu bis in die Tiefen der Gottheit zurück. Dabei klingt das »im Anfang« des Schöpfungsberichtes auf. (Vgl. Beutler, S. 34). Wenn im Anfang das Wort war, so heißt das auch, dass die ganze Schöpfung worthaft ist, vom Wort Gottes durchdrungen, das heißt auch für uns verstehbar ist. Die Schöpfung selbst ist schon Offenbarung der Herrlichkeit Gottes. In ihr drückt sich Gott für uns aus, zeigt er uns seine Herrlichkeit. Die Schöpfung ist das erste Wort Gottes. In ihr drückt sich der Logos aus, der in Jesus Mensch geworden ist. Wir können auf Jesus nicht schauen, ohne die Schöpfung mit in den Blick zu nehmen.

»In ihm war das Leben.« (Joh 1,4) Leben und Tod sind die zentralen Gegensätze bei Johannes. Die Frage ist, wie wir wirklich leben können. Viele leben nur an der Oberfläche, für sie besteht das Leben nur in Arbeiten und Essen, in Vergnügen und Abwechslung. Aber das ist für Johannes Tod. Wahres Leben ist nur in Gott und aus Gott möglich. Die Sehnsucht nach Leben, nach ewigem Leben, nach Lebensqualität ist heute genauso stark wie damals zur Zeit der Gnosis. Wie aber gelingt Leben? Worin besteht wirkliches Leben, das den Namen Leben verdient? Johannes zeigt uns, dass wir nur von Gott her wirklich Mensch werden können. Und er identifiziert den Logos mit dem Leben. Gott ist wesentlich der, der Leben schenkt, ja in dem das Leben selber ist. Gotteserfahrung ist immer schon Erfahrung der eigenen Lebendigkeit. Leben ist für Johannes ein Strömen. Leben hat immer mit einer Quelle zu tun, aus der es hervorsprudelt und von der es seine immerwährende Frische erhält. Letztlich ist es die Quelle Gottes selber, aus der unser menschliches Leben herausfließt und uns und die Welt befruchtet.

Licht und Finsternis sind die beiden anderen Gegensätze bei Johannes. Viele tappen im Dunkeln. Sie leben dahin, aber ohne Sinn. Leben und Licht gehören eng zusammen. Echtes Leben entsteht durch die richtige Einsicht. Wenn ich mich und die Welt so sehe, wie sie sind, vermag ich richtig zu leben. Licht macht die Welt hell, es ermöglicht mir, zu sehen, durchzublicken, mich und mein Leben zu verstehen. Sehen heißt, nicht im Dunkeln zu tappen, sondern einen Weg für mich zu erkennen. Licht meint die Helligkeit, in der ich mich befinde und zurechtfinden kann, in der ich keine Angst habe. Der Exeget Rudolf Bultmann interpretiert das Licht als Erhelltsein des Daseins, als Lichtung meiner selbst. Damit bringt er einen wichtigen Aspekt des johanneischen Lichtbegriffes zum Ausdruck. Gott als das Licht bedeutet, dass ich erst in Gott mein Leben klar erkenne, dass sich das Dunkle und Sinnlose in mir erst durch Jesus, den wahren Logos, erhellt. Für die Gnosis ist das Licht ein Bild für Glück und Heil. Licht meint die göttliche Sphäre, in der allein sich der Mensch verstehen kann, in der sich die Fragen und Rätsel des menschlichen Daseins auflösen. Das definitive Erleuchtetsein heißt auch Freiheit vom Tode als dem Schicksal, das das Dasein unverständlich macht. (Vgl. Bultmann, S. 24) Christus leuchtet als Licht gerade in der Finsternis. In den dunklen Abgründen unserer Seele will er als Licht aufstrahlen, damit wir den Mut haben, die ganze Wahrheit unserer Seele auszuleuchten. Das Licht will uns erleuchten. Erleuchtung ist das Ziel jedes spirituellen Weges. Nach Erleuchtung sehnen sich auch heute die Menschen. Sie möchten hinter die Kulissen schauen, sie möchten den Dingen auf den Grund sehen, sie möchten durchblicken, klar sehen. Der Vorhang, der alles verbirgt, möge sich heben, damit wir die Wirklichkeit so sehen, wie sie wirklich ist, und damit wir im Licht leben können. Denn solange wir im Finstern leben, verstehen wir uns selber nicht. Da laufen wir in die Irre, da verlieren wir uns selbst. Da sind wir blind und tot. (Vgl. Joh 9 und 11)

In Jesus kam das wahre Licht in die Welt. »Er kam in sein Eigentum, aber die Seinen nahmen ihn nicht auf.« (Joh 1,11) Hier klingt schon an, dass viele Jesus nicht angenommen haben. Gerade die Seinen, die dem auserwählten Volk angehören, haben ihn nicht aufgenommen, sondern abgelehnt. »Allen aber, die ihn aufnahmen, gab er Macht, Kinder Gottes zu werden, allen, die an seinen Namen glauben, die nicht aus dem Blut, nicht aus dem Willen des Fleisches, nicht aus dem Willen des Mannes, sondern aus Gott geboren sind.« (Joh 1,12f) Wer Christus annimmt, der wird neu gezeugt, der wird aus Gott geboren. Er definiert sich nicht mehr von der Welt, nicht von seiner Lebensgeschichte, nicht von den Eltern her. Das Blut spielt für ihn keine Rolle mehr. Ihm geht es nicht um die rein natürliche Begabung, Abstammung und Familiengeschichte. Und er bekommt seine Existenz nicht aus dem Willen des Fleisches, das heißt: nicht bloß durch Zeugung. Wir sind nicht nur Kinder unserer Eltern, sondern Kinder Gottes. In Gott sind wir frei von der Macht der Eltern, von der Macht der Welt. Wir definieren uns nicht mehr aus dem Willen des Mannes, sondern von Gott her. Wir sind nicht geboren, weil ein Mann es wollte, weil es ihn drängte, weil sein Trieb ihn dazu antrieb. (»Thelema« ist nicht nur der Wille, sondern der Trieb, der Drang, geschlechtliches Begehren.) Aus Gott geboren sein, das ist die wahre Würde des Menschen. Das befreit ihn von allen Verstrickungen in menschliche Beziehungen, das löst ihn aus der Abhängigkeit von den Eltern. Jeder ist einmalig, jeder ist gottunmittelbar. Wer aus Gott, wer von oben (»anothen«, Joh 3,3) geboren ist, der hat ein neues Selbstverständnis. Er weiß sich von Gott umsorgt, von Gott geliebt. Er muss sich die Liebe der Menschen nicht erkaufen. Er fühlt sich bedingungslos angenommen und willkommen. Er erfährt die wahre Würde des Menschen. Sein Leben ist voll Licht und Leben.

Der Hymnus gipfelt in dem Wort: »Und das Wort ist Fleisch geworden und hat unter uns gewohnt.« (Joh 1,14) In diesem Wort liegt das Zentrum des Evangeliums. Der ganz Gott war, trat ein in den Bereich des Irdisch-Hinfälligen und wurde ganz Mensch. Er wurde Fleisch. Fleisch ist Bild für das Irdisch-Gebundene, für das Hinfällig-Vergängliche, für das Hilflose, für die Nichtigkeit menschlicher Existenz. Fleisch ist nicht wie bei Paulus das Fleisch der Sünde, sondern das hinfällige und schwache Fleisch, das den Menschen in seinen Gefährdungen ausmacht. Wohnung oder Zelt erinnern an den Tempel, in dem Gottes Herrlichkeit unter uns wohnt. Der fleischgewordene Logos ersetzt den Tempel, er ist Ort unverhüllter Gegenwart Gottes in dieser Welt. Zelten erinnert zugleich daran, dass es keine bleibende Stätte gibt. Jesus war nur vorübergehend in dieser Welt. Jetzt ist er wieder in der Herrlichkeit Gottes. Das griechische Wort für zelten (»eskenosen«) hat die gleichen Buchstaben wie das hebräische Wort Schekina, was das Wohnen Gottes unter den Menschen beschreibt, die heilende und befreiende Gegenwart Gottes in dieser Welt. Was damals geschehen ist, hat für immer die Welt verwandelt. Seither will Gott in jedem und jeder von uns Fleisch annehmen und sich in uns inkarnieren. (Vgl. Sanford 1, S. 29)

Das Wichtigste am Vers 1,14 ist das Schauen der Herrlichkeit in diesem Menschen Jesus von Nazaret. Der Autor entwickelt hier keine Theologie, sondern er spricht von einer Erfahrung, die er und andere mit diesem Menschen gemacht haben. Das Schauen der Herrlichkeit hat etwas mit Kontemplation zu tun. »Contemplari« heißt schauen. Hier kommt wieder der mystische Charakter des Johannesevangeliums zum Ausdruck. Indem ich auf den Menschen Jesus schaue, leuchtet mir Gottes Herrlichkeit entgegen. Ich schaue Gottes Schönheit aber gerade im Fleisch, in der geschichtlichen Person Jesu, nicht an ihr vorbei. Im Weltlichen, im Handeln, im Reden Jesu leuchtet Gottes Herrlichkeit auf. Die Offenbarung ist aber zugleich verhüllt. Im kontemplativen Schauen auf Jesus werde ich immer mehr in die Herrlichkeit verwandelt, die Gott auch mir als Sohn und Tochter Gottes zugedacht hat. Das Schauen macht etwas mit mir. Es bringt mich in Berührung mit meinem wahren und unverfälschten Bild. Das Evangelium will uns auf die Frage Antwort geben, wie wir im Fleisch, in diesem konkreten Menschen Jesus, Gottes Herrlichkeit schauen können. Es ist kein Schauen mit den natürlichen Augen des Leibes, sondern ein Schauen des Glaubens. Der Glaube macht sehend. Der Glaube besteht darin, im Fleisch Jesu Gott zu schauen.

Die Herrlichkeit des einzigen Sohnes vom Vater ist »voll Gnade und Wahrheit« (1,14). Mit diesem Ausdruck erinnert Johannes an die Erscheinung Jahwes am Sinai: Gott hat sich Mose offenbart als der, der reich ist an Gnade und Treue. In Jesus neigt sich Gott freundlich und zärtlich uns Menschen zu. Das griechische Wort »charis« meint ursprünglich die Tat oder ein Verhalten, das Freude macht und beglückt. Und »charis« bezeichnet die Gabe und das Geschenk, mit dem uns Gott Freude macht. In Jesus bereitet uns Gott eine unaussprechliche Freude, eine Freude, die uns nicht mehr genommen werden kann. Und in ihm erweist er uns seine zärtliche Liebe. Zugleich wird in Jesus Gottes Zuverlässigkeit und Treue uns gegenüber erfahrbar. Johannes übersetzt das hebräische Wort für Treue mit dem griechischen »aletheia« = Wahrheit«. Wahrheit meint im Griechischen, dass der Schleier weggezogen wird, der über der Wirklichkeit liegt und sie verstellt. Sie bezeichnet die göttliche Wirklichkeit. In Jesus wird der Schleier entfernt, der uns das Wesen unseres Menschseins verdunkelt. In ihm erkennen wir, wer wir wirklich sind. In Jesus erkennen wir unsere Ursprünglichkeit. Und wir erkennen in ihm Gott, den Grund allen

Seins, den Urgrund unserer menschlichen Existenz. Die Buddhisten sagen: »Die Wahrheit ist.« Sie ist einfach da. Sie ist die unverstellte Wirklichkeit. Jesus will uns die Augen öffnen, damit wir die Welt wahrnehmen, wie sie ist, dass wir in ihr und in jedem Menschen die göttliche Wirklichkeit erkennen. Jeder Mensch spiegelt Gottes Antlitz wider. Und in der Schöpfung leuchtet Gott selbst auf, wenn wir den Schleier wegnehmen, der auf allem liegt. Darin besteht das Geheimnis der Kontemplation. Und davon hängt das Gelingen unseres Lebens ab.

»Niemand hat Gott je gesehen. Der Einzige, der Gott ist und am Herzen des Vaters ruht, er hat Kunde gebracht« (Joh 1,18). In diesem Jubelruf kommt der Hymnus zu seinem Höhepunkt. Niemand von uns Menschen kann Gott sehen. Auch Mose hat ihn nicht wirklich gesehen, sondern nur seine Rückseite. Jesus ist der Einzige, der Gott wirklich gesehen hat, weil er selbst Gott ist. Er ruht am Herzen des Vaters. Er ist in einer ganz intimen Beziehung zum Vater. Er hat uns Gott geoffenbart, ihn sichtbar werden lassen. In Jesus schauen wir Menschen Gott. Und in ihm werden wir hineingenommen in die Intimität mit dem Vater. In Jesus ruhen wir gleichsam am Herzen des Vaters. Dadurch wird unser Leben erleuchtet. Was die Gnosis ersehnte, das kommt in Jesus zur Erfüllung. In ihm dürfen wir Gott schauen in seiner ewigen Liebe. Und seine Worte geben uns Kunde von der Herrlichkeit Gottes, die noch kein Mensch je gesehen hat. In Jesus dürfen wir schauen, wonach sich die Menschen seit ewigen Zeiten gesehnt haben: den wirklichen Gott, der uns in der Person Jesu und in seinen Worten offenbar wird.

Das Zeugnis der ersten Jünger (1,35–51)

In der Art und Weise, wie Johannes die Berufung der ersten Jünger beschreibt, wird seine Kunst offenbar, immer auf zwei verschiedenen Ebenen zu schreiben. Es ist nie nur das Äußere gemeint. Alles hat eine tiefere Bedeutung. Zum einen erzählt uns der Autor hier, wie die Jünger Jesus allmählich immer tiefer erkennen. Es ist eine Steigerung der Titel, mit denen die Jünger Jesus bezeichnen. Zum anderen wird hier auch unsere eigene Jüngerwerdung beschrieben. Die Jünger sind Symbol für uns Christen. In ihnen wird klar, wie auch wir zum Glauben kommen und was für uns Nachfolge heißt. Und in der stufenweisen Berufung der Jünger beschreibt Johannes den Prozess der »Initiation in das christliche Geheimnis der Erlösung« (Sanford 1, S. 41). Die Jünger machen Erfahrungen, die wir in unserer eigenen spirituellen Entwicklung ähnlich durchleben müssen.

Das erste Motiv, das uns in die Augen fällt, ist, dass die Jünger jeweils durch Mittelsmänner zu Jesus geführt werden. Das ist ein Bild für uns Christen. Wir brauchen andere, die uns zu Christus führen. Die zentralen Worte in diesem Text sind »suchen und finden, kommen und sehen«. In diesen vier Worten besteht die Jüngerwerdung. Es geht darum, Jesus zu suchen, der Spur unserer Sehnsucht zu folgen, Ausschau zu halten nach dem, der unser Herz berührt. Wenn wir suchen, werden wir finden. Aber dann müssen wir zu Jesus kommen, um zu sehen, wer er in Wirklichkeit ist. Sehen bezieht sich immer auf den mystischen Aspekt des Christwerdens. Der Christ kommt zu Jesus, um zu sehen. Und er wird in Jesus den Himmel offen sehen. Sein Schauen gipfelt im Vers 1,51: »Ihr werdet den Himmel geöffnet und die Engel Gottes auf- und niedersteigen sehen über dem Menschensohn.« Die Himmelsleiter des Jakob wurde in der spirituellen Tradition immer als ein Bild für die Kontemplation gesehen. Was Jakob damals geschaut hat, das erfüllt sich in Jesus Christus. In Jesus öffnet sich der Himmel über unserem Leben. Wir erkennen in ihm die Verbindung von Himmel und Erde, von Gott und Mensch.

Die ersten beiden Jünger folgen Jesus nach, weil sie den Hinweis Johannes des Täufers gehört haben. Jesus wendet sich ihnen zu und fragt sie: »Was wollt ihr? Sie sagten zu ihm: Rabbi – das heißt übersetzt: Meister –, wo wohnst du?« (1,38) Hier wird scheinbar Gleichgültiges erzählt, doch das Wesentliche verbirgt sich dahinter. Die Grundfrage ist, was wir wollen, bzw. wie es im Griechischen genauer heißt: was wir suchen. »Was suchst du?« Das ist das erste Wort, das Jesus an jeden Einzelnen richtet, der ihm nachfolgen möchte: »Was willst du mit deinem Leben? Was ist deine tiefste Sehnsucht?« Darüber muss ich mir klar werden, wenn ich mich auf Jesus einlasse. Die Jünger fragen zurück: »Wo wohnst du?« Bei Jesus wohnen, bei ihm bleiben, bei ihm zu Hause sein, darin besteht die Berufung. Jesus kommt in sein Eigentum. Er nimmt uns in seine Wohnung auf. Es geht Jesus nicht um das irdische Haus, sondern um die Wohnung bei Gott. In Jesus hat Gott sein Zelt unter uns aufgerichtet. In Jesus dürfen wir im Hause Gottes wohnen. Jesus lädt die Jünger ein: »Kommt und seht!« (1,39) Es genügt nicht, nur auf die zu hören, die von Jesus erzählen. Jünger sein heißt, seine eigenen Erfahrungen mit Jesus zu machen. Schauen muss man selber. Das kann man keinem anderen überlassen. Die Leser des Johannesevangeliums werden eingeladen, die Worte zu meditieren, ihren tieferen Sinn zu erschließen und auf Jesus zu schauen und in ihm Gott selbst zu sehen.

Die Bemerkung »Es war um die zehnte Stunde« ist nicht nebensächlich. Denn Zahlen haben bei Johannes immer eine symbolische Bedeutung. Zehn ist die Zahl der

Vollendung, der Menschwerdung, der Ganzwerdung und Erfüllung. Es ist die vollkommene Zahl, die »teleios arithmos«. Jünger zu werden heißt, ein ganzer Mensch zu werden, eingeführt zu werden in das Geheimnis der Menschwerdung und in die Erfüllung der zutiefst menschlichen Sehnsucht nach Heil und Vollendung. Wenn ich dort wohne, wo Jesus ist, dann erfüllt sich mein Menschsein, dann werde ich ganz und heil, dann bin ich am Ziel.

In Vers 1,40 wird der eine Jünger Andreas genannt. Der andere bleibt ungenannt. Vermutlich ist es der Jünger, den Jesus liebte und auf den das Evangelium zurückgeht. Er ist von Anfang an bei Jesus. Andreas führt seinen Bruder Simon zu Jesus. Und Jesus nennt ihn gleich bei seiner ersten Begegnung »Kephas« = Fels. Petrus ist nicht der Erste, der an Jesus glaubt. Aber er wird zum Fels berufen. Es kommt nicht darauf an, wer als erster glaubt, sondern darauf, wer von Gott zu einer ganz bestimmten Aufgabe berufen wird. Petrus wird berufen, Fels für andere zu sein, mit seinem Glauben auch andere zu stützen.

Nun werden noch zwei andere Jünger mit Namen genannt: Philippus und Natanael. Natanael heißt Gottesgabe. Ihn nennt Jesus einen Israeliten ohne Falschheit. Hier ist sicher eine Werbung bei den jüdischen Lesern intendiert. Wer ein wirklicher Israelit ist, der folgt Jesus nach. Die Juden, die im Johannesevangelium später so schlecht wegkommen, sind – laut Johannes – abgefallen von ihrem eigentlichen Glauben. Jesus verblüfft den Natanael, dass er seinen Charakter und sein Wesen kennt. Der Israelit ohne Falsch fühlt sich durchschaut. Jesus spricht ihn auf den Feigenbaum an, unter dem er ihn beim Torastudium gesehen hat und unter dem er offensichtlich eine tiefe spirituelle Erfahrung gemacht hat. Jesus offenbart mit diesem Hinweis dem Natanael, dass er den Menschen kennt, dass er es nicht nötig hat, dass andere ihm etwas über den Menschen erzählen. Jesus kennt jeden Einzelnen und schaut in die Tiefe seines Herzens. Dieses Wissen Jesu überwältigt den Natanael, und er ruft aus: »Rabbi, du bist der Sohn Gottes, du bist der König von Israel.« (1,49) Mit diesem Bekenntnis kommt die Erkenntnis der Jünger zu ihrem Höhepunkt. Wer ein wahrer Israelit ist, der erkennt in Jesus den Sohn Gottes. Natanael ist ein Symbol für jeden Christen. Wir können uns Jesus nicht nähern, ohne durchschaut, ohne mit unserer eigenen Wahrheit konfrontiert zu werden. Dem Glaubenden – so sagt Bultmann – wird in der Begegnung mit Jesus die eigene Existenz erhellt und aufgedeckt.

In der Berufung der ersten Jünger wird die Kunst des Evangelisten deutlich, immer auf zwei Ebenen zu schreiben, Geschehenes zu berichten und zugleich einen Prozess des Lernens im Leser in Gang zu setzen. Johannes erzählt uns Geschehenes. Es ist historisch durchaus wahrscheinlich, dass die ersten Jünger Jesu aus dem Kreis der Johannesjünger kamen. Die Jünger erkennen in Jesus das Lamm Gottes, den Rabbi, den Messias, den Sohn Gottes und König Israels und schließlich den Menschensohn, über dem die Engel Gottes auf- und niedersteigen. In diesen Berufungsgeschichten wird zugleich die Berufung des Lesers beschrieben. Er soll in den Worten und Taten Jesu, die das Evangelium berichtet, eingeführt werden in das Geheimnis Jesu. Er soll die Worte und Taten immer schon mit dem Wissen lesen, dass in Jesus der Himmel offen steht, dass in Jesus Gott selbst sichtbar wird. Jesus ist die Verbindung zwischen Himmel und Erde. In Jesus wird die Verbindung zwischen Himmel und Erde wieder hergestellt. Dadurch wird der Mensch gesegnet wie einst Jakob. Dadurch kommt der Mensch erst zu seinem wahren Wesen. Die Engel sind in der Tradition Bilder der Kontemplation. Jesus ist der Ort der Kontemplation. In ihm schauen wir Gott. Alles, was Jesus tut, will uns den Himmel öffnen. Und was er sagt, will uns einweihen in das

Geheimnis Gottes. So wird das Bild von der Himmelsleiter zum Schlüssel, wie wir das Evangelium lesen sollen.

Zwei Bilder des Heils: Die Hochzeit zu Kana und die Vertreibung der Händler (Joh 2)

Nach der Berufung der Jünger zeigt Johannes in zwei Bildern, was Menschwerdung und was Tod und Auferstehung Jesu für den Menschen bedeuten. In diesen beiden Bildern wird das Wesen des folgenden Evangeliums dargestellt. In ihnen leuchtet das Geheimnis dessen auf, was in der Menschwerdung und in der Passion Jesu geschieht.

Die Erzählung von der Hochzeit zu Kana will uns mehr sagen, als dass Jesus gerne auf Hochzeiten ging und mit den Menschen gefeiert hat. Alles, was hier berichtet wird, hat immer schon eine symbolische Bedeutung. Das beginnt mit der Einleitung: »Am dritten Tag fand in Kana in Galiläa eine Hochzeit statt, und die Mutter Jesu war dabei.« (2,1) Johannes hat seit dem Auftreten Johannes des Täufers dreimal einen Abschnitt mit »Am Tag darauf« eingeleitet (1,29.35.43). Der dritte Tag nach den vier Tagen, die Johannes bisher berichtet hat, ist also der Sabbat. An ihm vollendet sich die Schöpfung. Die Hochzeit zu Kana beschreibt das Geheimnis der Menschwerdung Gottes in Jesus Christus. In Jesus wird der Mensch wieder so hergestellt, wie er in der Schöpfung ursprünglich gedacht war. Zugleich erinnert der dritte Tag an den Tag der Auferstehung. In der Auferstehung Jesu wird unser Leben verwandelt und mit göttlichem Wein erfüllt. In Jesus feiert Gott Hochzeit zwischen sich und den Menschen. So wie Mann und Frau sich miteinander verbinden, so wird in der Menschwerdung und der Auferstehung Jesu der Mensch mit Gott eins.

Den Menschen ist der Wein ausgegangen. Sie wollen

Hochzeit feiern. Aber es gelingt ihnen nicht. Sie haben keine Liebe mehr. Sie sind unfähig zur Liebe. Darin besteht die Not der Menschen. Es geht Johannes nicht in erster Linie um die Erlösung aus der Schuld, sondern um die Befreiung aus der Unfähigkeit zu lieben. Es sind nur sechs steinerne Wasserkrüge dort. Sechs ist immer die Zahl der Unvollkommenheit. Das Leben der Menschen ist unvollkommen. Es ist nur Arbeit, Mühe, Plage. Und es ist erstarrt, wie es die steinernen Krüge symbolisieren. Das Wasser in diesen Krügen dient zur Reinigung. Doch die wahre Reinigung geschieht nicht durch die alten Riten, sondern durch die Menschwerdung Jesu. In ihr hat Gott den Menschen gereinigt und in seiner ursprünglichen Schönheit wiederhergestellt.

Die Mutter Jesu war auch bei der Hochzeit. Sie hat im Johannesevangelium nur hier zu Beginn des Wirkens Jesu und am Ende unter dem Kreuz eine wichtige Funktion. Auch darin wird eine tiefe Symbolik sichtbar. Die Mutter Jesu setzt das Wandlungswunder in Gang. Sie hat das Wunder der Menschwerdung durch die Geburt ihres Sohnes ermöglicht. Sie ist die Pforte, durch die Jesus zu den Menschen schreitet. Sie führt ihn bei den Menschen ein. Maria spürt als erste den Mangel. Sie weist Jesus auf den ausgegangenen Wein hin. Man könnte Maria hier auch als Bild für die anima sehen. Die anima in uns, die weibliche Seite, spürt, woran es uns mangelt. Die Einsicht der anima steht zu Beginn jedes Wandlungsprozesses. Jesus scheint seine Mutter sehr distanziert anzusprechen: »Was willst du von mir, Frau? Meine Stunde ist noch nicht gekommen.« (2,4) Johannes schildert hier nicht die persönliche Beziehung Jesu zu seiner Mutter. Ihm geht es vielmehr um den Vorbehalt, den Jesus dem Weinwunder gegenüber hat. Seine Stunde ist noch nicht gekommen. Seine Stunde ist die Stunde seiner Verherrlichung am Kreuz und in der Auferstehung. Wenn seine Stunde gekommen ist, dann erst gibt er den Wein in Fülle. Jesus selbst ist der Wein, der das Herz des Menschen erfreut. In der Stunde seines Todes wird er sein Herz für uns öffnen. Dann können wir den Wein trinken, der aus seinem Herzen strömt. Der wahre Wein ist die Liebe Gottes, die aus dem geöffneten Herzen Jesu kommt. Maria versteht die Antwort Jesu auch nicht als Zurückweisung. Sie glaubt vielmehr an ihren Sohn. Sie glaubt an seine verwandelnde Liebe schon vor dem Zeichen, das er im Weinwunder setzt. Aber die Jünger glauben erst nach dem Zeichen. (2,11)

Die Kirchenväter deuten in dieser Geschichte immer wieder den Gegensatz der sechs Krüge mit Wasser zu dem Wein in Fülle. Die steinernen Krüge sind Bilder für das Erstarrte einer rigorosen Gesetzesfrömmigkeit, der Wein ist Zeichen für Lebendigkeit und Freude, für das Evangelium, das das Herz der Menschen erfreut. Unser Leben bekommt durch die Menschwerdung Jesu einen neuen Geschmack. Mit Wasser kann man kein Fest feiern. Das Fest, das verzaubert, braucht den Wein. Es sind sechs Krüge. Diese verweisen auf den siebten Krug, der sich am Kreuz öffnen wird, wenn der Soldat die Seite Jesu durchbohrt und aus der geöffneten Seite Blut und Wasser strömen, Bild für die menschgewordene Liebe Gottes.

Voller Symbolik ist auch die Bemerkung über den Speisemeister: »Er wusste nicht, woher der Wein kam; die Diener aber, die das Wasser geschöpft hatten, wussten es.« (2,9) Die Frage »Woher« ist typisch für das Johannesevangelium. Es ist letztlich die Frage nach dem Woher Jesu und nach dem Woher des Menschen überhaupt. Wer weiß, dass Jesus vom Vater kommt, der versteht die Erzählung vom Weinwunder, der versteht das ganze Evangelium. Die Diener, die wissen, woher der Wein kommt, sind Bilder für die Leser, die vom Prolog her wissen, woher dieser Jesus kommt. Das Woher bezieht sich aber auch auf den Leser. Woher kommt der Mensch? Das ist die zentrale Frage der Gnosis. Wir kommen von Gott her. Wir haben in Gott unseren wahren Grund.

Wichtig ist der Kommentar des Speisemeisters: »Du hast den guten Wein bis jetzt zurückgehalten.« (2,10) In Jesus ist die Zeit gekommen, den Wein in Fülle zu trinken, Hochzeit zu feiern mit Gott. Der Leser soll durch dieses Wort erkennen, was in Jesus in diese Welt eingebrochen ist, dass unser Leben durch Jesus einen neuen köstlichen Geschmack bekommen hat. Johannes nennt dieses Wunder das erste Zeichen. Sieben Zeichen wird er in seinem Evangelium schildern. Jesu Wundertaten sind nicht wie bei den Synoptikern »dynameis« = Krafttaten, sondern »semeia« = Zeichen. Es sind Zeichen für die Herrlichkeit Gottes, die in Jesus aufleuchtet. Und es sind Zeichen für den Beginn der messianischen Heilszeit. In diesen Zeichen strahlt schon jetzt auf, was dann erst in der Verherrlichung Jesu am Kreuz und in der Auferstehung für alle sichtbar wird.

Die Bibelwissenschaftler haben sich gefragt, woher das Motiv der Hochzeit für die Beschreibung der Menschwerdung Gottes in Jesus Christus kommt. In der jüdischen Apokalyptik gibt es das Bild der Endzeit, in der Wein in Fülle vorhanden ist. Die Heilszeit ist die Zeit des ewigen Festes. In Jesus hat die Heilszeit in ihrer Fülle begonnen. Bultmann weist auf die Parallele zum Dionysoskult hin. Am Vorabend des Dionysosfestes, in der Nacht vom fünften auf den sechsten Januar, stellte man in Elis drei leere Krüge im Tempel auf, die dann am anderen Morgen voll von Wein waren. Ob sich Johannes auf die Dionysoslegende bezieht, ist zweifelhaft. Aber zumindest hat die frühe Kirche diesen Bezug hergestellt. Am sechsten Januar feierten die Griechen das Fest der Epiphanie, der Erscheinung Gottes. Und an diesem Fest wurde das Evangelium von der Hochzeit zu Kana vorgelesen. Die frühe Kirche sah in Jesus die Erfüllung der dionysischen

Sehnsucht nach Ekstase, nach Rausch, nach Verwandlung. Jesus ist nicht der Asket wie Johannes, der nur Verzicht predigt. Er bringt die Fülle des Lebens. Er schenkt uns einen neuen Geschmack. Dionysos war auch der Gott der Liebe und der Sexualität. Was die Menschen sich von der Sexualität und von der Liebe ersehnen, das wird in Jesus erfüllt. In ihm ist Gottes Liebe sichtbar, berührbar, trinkbar geworden. Sie gibt unserem Leben einen neuen, einen berauschenden Geschmack. Jesus ist nicht Gegensatz zu Dionysos, wie es Friedrich Nietzsche gesehen hat, sondern die Erfüllung des Dionysos und der Sehnsucht nach Ekstase, für die er steht. Hölderlin hat zu Recht versucht, Dionysos und Jesus zusammen zu sehen, die Sehnsucht nach ekstatischer Liebe und die Sehnsucht nach der Kontemplation, in der Gottes Herrlichkeit und Liebe in das Herz des Menschen strömt.

Das zweite Bild, das vor dem Wirken Jesu steht und es deutet, ist die Vertreibung der Händler aus dem Tempel. Die Synoptiker bringen diese Geschichte kurz vor der Passion Jesu. Damit berichten sie historisch sicher genauer. Wenn Johannes diese Erzählung zu Beginn des Wirkens Jesu setzt, dann will er uns einen Schlüssel zur Hand geben, wie wir alles Nachfolgende verstehen sollen. Während die Hochzeit zu Kana ein Bild für die Menschwerdung ist, leuchten im Bild von der Vertreibung der Händler der Tod Jesu und seine Auferstehung auf. Das wird schon im ersten Wort sichtbar: »Das Paschafest der Juden war nahe, und Jesus zog nach Jerusalem hinauf.« (2,13) Jesus setzt in der Tempelaustreibung ein Zeichen, in dem das wahre Pascha aufleuchtet. Das Paschafest weist schon auf Jesu Tod hin. Dort wird das wahre Paschalamm geschlachtet.

Ein anderes Motiv bei der Vertreibung der Händler aus dem Tempel ist das der Reinigung. Im Tod Jesu wird der Tempel des menschlichen Leibes gereinigt. Der menschliche Leib war zu einer Markthalle verkommen, in der die Händler lärmten und die Rinder, Schafe und Tauben alles bestimmten. Das sind innere Bilder. Wir sind oft genug bestimmt von unseren lärmenden Gedanken, von der Frage, wie wir auf dem öffentlichen Markt gehandelt werden, was unser Tauschwert ist. In uns sind Rinder, Bilder für Vitalität und Sexualität, die uns beherrschen. In uns sind Schafe, Bilder für die Unfreiheit, mit der wir leben. Und in uns sind Tauben, Bilder für die Gedanken, die hin und her fliegen und uns nie zur Ruhe kommen lassen. All das treibt Jesus aus dem Tempel heraus. Johannes verweist auf den Tod und die Auferstehung Jesu. Da wird das erfüllt, was Jesus jetzt in einem Zeichen vollbringt. Da wird unser Leib wieder hergestellt. Da werden wir wahrhaftig Tempel Gottes. Der Tod Jesu reinigt uns von allem, was sich in uns eingenistet hat, von der Schuld, von dem Tierhaften, von der Besitzgier, von dem Sich-Vergleichen mit anderen. Der Tod Jesu, in dem Gottes Liebe in unseren Leib ausstrahlt, befreit uns von allem inneren Chaos. Die Liebe Jesu verwandelt uns zu einem Tempel Gottes.

Markthalle oder Tempel Gottes zu sein, das ist die Alternative. Beide Bilder drücken jeweils eine andere Selbsterfahrung des Menschen aus. Die Markthalle erinnert uns an Lärm, an das vergebliche Bemühen, das innere Chaos zu bändigen. In der Markthalle ist es eng, da ist alles angebunden. Sie verweist auf Menschen, die in sich verkrampft sind, weil das innere Durcheinander sie sonst zerreißen würde. Der Tempel Gottes ist weit. Wenn ich mich unter dem Bild des Tempels meditiere, dann erlebe ich meine Würde, meine Schönheit. Ich weiß, dass Gott in mir wohnt und Gottes Herrlichkeit in meinem Leib aufstrahlt. Zu dieser neuen Erfahrung des Menschseins will uns Jesus durch seine Menschwerdung und durch seinen Tod führen. Die Menschwerdung schenkt uns einen neuen Geschmack, den Geschmack des Weins. Der Tod Jesu reinigt uns von allem, was unser Menschsein trübt. Er stellt den Leib als Tempel Gottes wieder her. So wie in Jesus der wahre Tempel Gottes erschienen ist, so wird durch die Auferstehung jeder, der an Jesus glaubt, zu einem Tempel, in dem Gottes Herrlichkeit wohnt. Die Geschichte von der Tempelaustreibung ist ein heilendes Bild. Wenn ich dieses Bild in mich einbilde, erfahre ich das Heil, das in Jesus Christus gekommen ist.

Gespräch mit Nikodemus (3,1–13)

Nikodemus ist ein frommer Jude, der von der Frage nach dem Heil umgetrieben wird. Die Frage, wie das menschliche Leben gelingt, heil und ganz wird, ist aber nicht nur eine Frage der Juden, sondern auch eine typisch griechische Frage. Und es ist eine Frage, die wohl jeden Menschen in jeder Zeit bewegt. Nikodemus sucht Jesus bei Nacht auf. Die Zeitangaben sind für Johannes immer voller Symbolik. Die Nacht steht hier für die innere Dunkelheit und Finsternis, für die Verdunklung des Sinns. Von Sinnlosigkeit geplagt, kommt Nikodemus zu Jesus, um bei ihm eine Antwort auf seine existenziellen Fragen zu bekommen. Doch er versteckt seine Frage hinter der Feststellung, dass Jesus offensichtlich von Gott kommt. Nikodemus spürt, dass in diesem Menschen etwas anders ist als bei den den üblichen Lehrern, die von Gott sprechen, aber nicht aus Gott sind. Jesus spürt, was den Fragesteller eigentlich umtreibt. Und bevor Nikodemus seine Frage wirklich formuliert, stellt Jesus eine Behauptung auf, die das eigentliche Problem des Gesprächspartners auf den Punkt bringt: »Wenn jemand nicht von neuem (oder: von oben = ›anothen‹) geboren wird, kann er das Reich Gottes nicht sehen.« (Joh 3,3) Die Doppeldeutigkeit dieses Wortes ist sicher bewusst gewählt. Nur wer von oben, aus Gott, geboren wird, kann das Reich Gottes schauen, nur dessen Leben wird heil. Er wird entrissen aus der Welt des Scheins. Die Welt mit ihren Ansprüchen und Erwartungen hat keine Macht über ihn. Aber es geht nicht nur um den doppelten Ursprung des Menschen, der aus dieser Erde und zugleich aus Gott geboren ist, sondern auch um das Thema der Wiedergeburt.

Die Mysterienreligionen des ersten Jahrhunderts kennen das Motiv der Wiedergeburt. Das Mithrasheiligtum, das man heute noch unter der römischen Basilika San Clemente betrachten kann, zeigt uns deutlich, wie diese Wiedergeburt verstanden wurde. Der Myste stieg in die Grube hinab und wurde mit dem Blut des Stieres besprengt. Dadurch wird er von allen Sünden gereinigt. Er stirbt der Welt und darf erneuert, gottgleich, aus der Grube emporsteigen. Auch die Gnosis kennt das Thema der Wiedergeburt. Für die Gnosis ist das Geschehen der Wiedergeburt unaussprechlich. Man kann es nicht erklären. Das Ergebnis ist, dass man erleuchtet ist, dass man sich selbst in Gott sieht. Wiedergeburt ist ein Bild für den inneren Weg des Menschen zu seinem wahren Selbst. Und der Prozess verläuft bei jedem Menschen verschieden. Man kann ihn nicht wirklich beobachten. Das Ziel ist immer das gleiche: »Das Ich als falsche Mitte der Persönlichkeit wird durch eine neue, echte Mitte ersetzt.« (Sanford 1, S. 106) Nikodemus versteht das nicht, weil er am äußeren Buchstaben hängt. Jesus weist ihn auf eine tiefere Dimension, auf die spirituelle Dimension hin: »Was aus dem Fleisch geboren ist, das ist Fleisch; was aber aus dem Geist geboren ist, das ist Geist.« (3,6) Johannes geht es um das Woher des Menschen. Wer aus dem Fleisch geboren ist, hat ein fleischliches Selbstverständnis, das heißt er definiert sich von den Maßstäben dieser Welt her. Wer aus dem Geist geboren ist, der hat seinen Ursprung in Gott. Er versteht sich von Gott her. Wiedergeborenwerden ist ein spirituelles Erwachen zur Wirklichkeit. Meine Augen öffnen sich. Ich verstehe die Welt neu, und ich verstehe mich auf neue Weise.« »Das spirituelle Geborenwerden befähigt den Menschen, die Anwesenheit der Ewigkeit in der Zeit zu sehen, das Ende in der Geschichte, das Göttliche selbst im menschlichen Fleisch Christi.« (Leong, S. 83)

Bei dem Wort Wiedergeburt denken heute viele an Reinkarnation, an eine neue Inkarnation nach unserem Tod. Doch daran ist hier nicht gedacht. Es geht Johannes vielmehr um das Wesen des Menschen. Und das ist von seinem Woher bestimmt. Aus Gott geboren sein, das ist das eigentliche Wesen des Menschen. Aber hier ist nicht nur gemeint, dass der Mensch von Gott geschaffen ist. Das gilt ja von jedem Menschen. Der Mensch, der von oben, der aus dem Geist geboren wird, versteht sich vielmehr als einer, der seinen tiefsten Grund in Gott hat. Wiedergeburt ist nicht moralische Besserung des Menschen, sondern das In-Berührung-Kommen mit dem wahren Ursprung in Gott. Wer aus dem Fleisch geboren ist, der ist seinem wahren Wesen nach entfremdet. Er versteht sich selbst nicht. Er lebt einfach dahin. Die Wiedergeburt aus dem Geist versteht Bultmann als eine »Seinsweise, in der der Mensch in seiner Eigentlichkeit ist, sich versteht und sich nicht mehr von der Nichtigkeit bedrängt weiß«. (Bultmann, S. 100)

Auf die Frage, wie wir uns den Vorgang der Wiedergeburt vorstellen sollen, antwortet Jesus mit einem Rätselwort, in dem er auf das Geheimnis des »pneuma« hinweist, das im Griechischen zugleich Geist und Wind bedeutet: »Der Wind weht, wo er will; du hörst sein Brausen, weißt aber nicht, woher er kommt und wohin er geht. So ist es mit jedem, der aus dem Geist geboren ist.« (Joh 3,8) Genauso unbegreiflich und geheimnisvoll wie der Wind ist auch die Wiedergeburt. Den Wind kann man nicht festhalten und in Griff bekommen. Genauso wenig kann man das Geheimnis der Wiedergeburt in Griff bekommen. Und dennoch zeigt es sich in seiner Wirkung. Der aus Gott Geborene verhält sich anders, er strahlt etwas anderes aus. Er ist frei. Er ist lebendig. Das Leben strömt in ihm.

Trotz dieses Verweises fragt Nikodemus nochmals nach dem Wie: »Wie kann das geschehen?« (3,9) Jesus verweist ihn von der irdischen auf die himmlische Ebene. Über die Wiedergeburt kann man nicht wie über ein äußeres Verhalten oder etwas Sichtbares sprechen. Es ist himmlisch. Nur der, der im Himmel war und zu uns herabgestiegen ist, kann über das Woher unserer Existenz wirklich Auskunft geben. Jesus ist der wahre Lehrer, der uns einweist in den himmlischen Ursprung unseres Lebens, der uns das Woher unserer Existenz aufdeckt. Ich kann weder die Frage nach dem Woher noch die nach dem Wie wirklich beantworten. Aber allein diese Frage zu stellen, befreit mich von der Verhaftung an meine Probleme. Die Frage allein hat schon eine heilende Wirkung. Sie zeigt mir, dass ich mir selbst ein Geheimnis bin. Mein wahres Selbst hat einen himmlischen Ursprung. Ich kann es mit irdischen Begriffen nicht beschreiben, genauso wenig wie ich den Wind in sich erkennen kann. Das Wissen um das Geheimnis meines spirituellen Selbst befreit mich von dem Kreisen um Vordergründiges. Es ist wie eine neue Geburt. Nicht mehr das Ego, das um sich kreist, herrscht in mir, sondern das wahre Selbst, in dem Gottes Bild sich eingebildet hat und das sich jedem menschlichen Erkennen entzieht.

Die Sendung Jesu (3,14–21)

In Kapitel 2 hat uns Johannes zwei Bilder der Verwandlung des Menschen durch die Menschwerdung und durch Tod und Auferstehung Jesu vor Augen geführt. In den Versen 3,14–21 entwickelt er eine Theologie für unsere Heilung und Erlösung durch Jesus Christus. In Vers 14f hat er den Tod Jesu vor Augen. Er erklärt die Erhöhung Jesu am Kreuz mit dem Hinweis auf die alttestamentliche Geschichte von der ehernen Schlange, wie sie uns im Buch Numeri 21,1–9 erzählt wird. Als das Volk wieder einmal gegen Gott murrte, schickte er giftige Schlangen, an deren Biss viele Israeliten starben. Als Mose zu Gott flehte, antwortete ihm Jahwe: »Mach dir eine Schlange, und häng sie an einer Fahnenstange auf! Jeder, der gebissen wird, wird am Leben bleiben, wenn er sie ansieht.« (Num 28,8) Die Schlange ist bei allen Völkern ein wichtiges Symbol. Sie symbolisiert einerseits die Bedrohung des Menschen durch den giftigen Biss. Sie steht für all die giftigen und bitteren Gefühle, die der Seele schaden. Die Schlange ist häufig auch ein Sexualsymbol. Und sie ist wegen ihrer Häutungen ein Bild für die Erneuerung des Menschen. Im Judentum wurde sie als Symbol der Sünde gesehen. Denn die Schlange hat Eva verführt. Aber zugleich war sie auch ein Bild für die Klugheit. Bei vielen Völkern ist sie ein Symbol für die heilende Macht Gottes. Am Kreuz wird Jesus wie die Schlange erhöht und an die Kreuzesstange geheftet. Wer auf diesen Jesus am Kreuz schaut, wird von seinen Wunden geheilt. Jesus ist für Johannes der göttliche Arzt, der verwundet am Kreuz hängt. Für die Griechen galt der Grundsatz, dass nur der verwundete Arzt zu heilen vermag. Asklepios, der griechische Heilgott, wird immer mit einer um einen Stab sich schlängelnden Schlange dargestellt. Jesus erfüllt am Kreuz die Sehnsucht der Griechen nach Heilung. Am

Kreuz wird die tiefste Wunde sichtbar, die uns bedroht, die Todeswunde. Wenn wir auf Jesus schauen, werden wir von ihr geheilt, aber auch von allen anderen Wunden, die uns das Leben zufügt, von der Bitterkeit und von den giftigen Gefühlen, die in uns aufsteigen, wenn wir abgelehnt oder verletzt werden. Die sich häutende Schlange verweist auf die Erneuerung des Menschen. Jesus am Kreuz ist für Johannes die wahre Erneuerung der menschlichen Existenz. Da stirbt das alte Ego. Und der neue Mensch, der aus Gott geboren ist, der seinen Grund in der Liebe Gottes hat, kommt zum Vorschein.

Die Erlösung besteht für Johannes vor allem in der Heilung unserer Wunden und in der Verwandlung des Todes. Wer auf den am Kreuz erhöhten Jesus schaut und an ihn glaubt, der hat das ewige Leben. (3,15) Der Schlüssel zum wahren Leben liegt darin, der Wahrheit ins Auge zu sehen: »Die Anerkenntnis der Wahrheit, auch wenn diese tragisch ist, hat immer eine befreiende Wirkung. Friedrich Nietzsche bemerkte, die Fähigkeit, mit der Tragödie zu leben, sei kein Zeichen der Schwäche, sondern der Stärke.« (Leong, S. 88) Das Bild, dass der Menschensohn wie die Schlange erhöht werden soll, fordert uns nach Meinung des Zen-Lehrers Leong dazu auf, »mit den vielen widerwärtigen Komponenten des Lebens zu Streich zu kommen und trotz all seiner Schwierigkeiten unser Menschsein zu bejahen«. (Ebd., S. 88) Die Erlösung besteht gerade darin, dass wir im Kreuz der Tragödie des menschlichen Lebens ins Auge sehen. Nur so kann sie verwandelt werden. Nur so können wir unser Leben leben, ohne den dunklen und destruktiven Seiten ausweichen zu müssen.

Der Empfang des ewigen Lebens ist auch das Ziel der Menschwerdung Jesu: »Gott hat die Welt so sehr geliebt, dass er seinen einzigen Sohn hingab, damit jeder, der an ihn glaubt, nicht zu Grunde geht, sondern das ewige Leben hat.« (3,16) In diesem Vers wird der Grund der Menschwerdung und der Passion Jesu sichtbar. Der Grund ist die Liebe Gottes zur Welt. Gott wollte nicht, dass die Menschen, die sich von sich selbst entfremdet und sich selbst verloren hatten, zugrunde gingen. Die Menschen hatten sich verloren. Sie hatten ihre Mitte verloren, ihr ursprüngliches Bild, ihre Lauterkeit, ihre Fähigkeit zu lieben. Sie waren mitten im Leben tot. Weil Gott die Menschen trotz oder gerade in ihrer Verlorenheit liebte, sandte er seinen Sohn. Er gab den Menschen seinen einzigen Sohn zum Geschenk. Im Griechischen steht hier nicht »hingab«, sondern einfach nur »gab«. Doch in dieser Gabe der bedingungslosen Liebe Gottes steckt auch die Möglichkeit, dass die Menschen diese Gabe ablehnen. Der Glaube ist die Annahme der Gabe Gottes. Wer glaubt, wer erkennt, was Gott in Jesus den Menschen geschenkt hat, der hat ewiges Leben. Worin besteht das ewige Leben, von dem Johannes so oft spricht? Es ist einmal das Leben, das durch den Tod nicht vernichtet werden kann, das also den Tod überdauert und bis in die Ewigkeit reicht. Ewiges Leben ist aber nicht in erster Linie das Leben nach dem Tod, sondern es bezeichnet hier schon eine neue Qualität des Lebens. Es ist Leben, das jetzt schon aus dem göttlichen Grund lebt, in dem jetzt schon Zeit und Ewigkeit zusammenfallen. Kann man dieses ewige Leben erfahren? Wenn ich ganz im Augenblick bin, wenn ich ganz eins bin mit mir, dann spüre ich die Qualität des ewigen Lebens. Denn dann sind in diesem Augenblick Zeit und Ewigkeit eins. Vergangenheit und Zukunft verdichten sich im Augenblick. Und ich bin in diesem Augenblick eins mit mir und mit Gott. Da spüre ich, dass ich in Gott bin und Gott in mir. Da berühre ich das wahre Sein. Da ist alles eins. Was Johannes mit ewigem Leben bezeichnet, das gleicht dem, was Abraham Maslow »Gipfelerlebnisse« nennt. In so einem Gipfelerlebnis tritt der Mensch »ein in das Absolute, er wird eins mit Ihm, und wenn auch nur für einen kurzen Augenblick« (Grün, Mystik, S. 46). Da wird ihm alles klar. Da sieht er in allem Gott. Er erlebt sich selbst und die Welt viel intensiver. Er berührt das Eigentliche. Er spürt, was Leben im Tiefsten ist: Lebendigkeit, Glück, Freude, Liebe, Offenheit, Einssein. Sein Bewusstsein erweitert sich. Er verbindet in seinem Bewusstsein Gott und Mensch, Leben und Tod, Himmel und Erde, Zeit und Ewigkeit. Ken Wilber nennt das »reines Bewusstsein« oder »All-Einheitsbewusstsein«. (Ebd., S. 38)

In den nächsten Versen entfaltet Johannes das Geheimnis des Kommens Jesu noch deutlicher. Jesus kommt nicht, um die Welt zu richten, sondern um sie zu retten. In Jesus hat Gott seine Absicht kundgetan, den Menschen zu heilen, ihn aus der Verlorenheit herauszuholen, ihn zu retten, ihn aus Abhängigkeiten zu befreien, ihn aufzurichten und ihn in die ursprüngliche Gestalt hineinzuführen, die Gott sich in der Schöpfung von jedem Menschen gemacht hat. Wer an Jesus glaubt, der ist schon im Heil, dessen Leben gelingt, dessen Wunden haben ihre vergiftende und tötende Kraft verloren. Gott richtet nicht. Doch wer an Jesus nicht glaubt, der ist schon gerichtet, der hat sich selbst ausgeschlossen vom wirklichen Leben. Denn wirkliches Leben ist nur in Jesus zu haben. Das heißt natürlich nicht, wie es manche Fundamentalisten missverstehen, dass nur der, der sich in Worten und äußeren Zeichen zu Jesus bekennt, gerettet wird. Eine solche Enge liegt Johannes fern. Johannes will uns vielmehr positiv sagen, dass in diesem Jesus das wirkliche Leben bereit liegt. Wer nicht an Jesus glaubt, der hat nicht verstanden, was wirkliches Leben heißt. Aber Glaube ist mehr als ein äußeres Bekenntnis. Es gibt auch Menschen, die Jesus äußerlich ablehnen, weil sie seinen Namen mit all den Vorurteilen verbinden, die sich im Laufe des Lebens in ihnen gebildet haben. Andere nehmen Jesus nicht an, weil sie in anderen Religionen aufgewachsen sind. Doch im Innersten ahnen sie vielleicht dennoch, wer dieser Jesus ist, in dem Gott uns das ewige Leben schenkt. Buddhisten sprechen auch vom wahren Leben, das ganz im Augenblick liegt. Sie ahnen in ihrer Seele etwas von dem, was Jesus uns vermitteln wollte: dass wir die Augen öffnen sollen, um das Eigentliche zu sehen. Jesus will uns das Geheimnis des Lebens sichtbar machen. Er offenbart uns Gott und in Gott die eigentliche Wirklichkeit, die hinter allem Sichtbaren verborgen liegt. Glauben heißt vor allem: sehen, was ist; ohne Vorurteile sehen, hinter die Dinge sehen, Gott als den Grund allen Seins erkennen, Gott als die Liebe schauen, die in Jesus offenbar geworden ist.

Das Ziel der Menschwerdung und des Todes Jesu ist nicht die Sühne für unsere Sünden, sondern das Geschenk des ewigen Lebens. Gott will in Jesus den Menschen befähigen, wirklich zu leben. Er schenkt uns in Jesus eine neue Lebensqualität. Und Gott hat in Jesus die ganze Welt im Blick. Er möchte alle Menschen in Jesus heilen und retten. Jeder, der »die Wahrheit tut, kommt zum Licht, damit offenbar wird, dass seine Taten in Gott vollbracht sind«. (3,21) Es geht also nicht um ein äußeres Bekenntnis zu Jesus, sondern darum, die Wahrheit zu tun, das heißt zur Wirklichkeit vorzustoßen, wie sie ist, und ihr entsprechend zu leben. Hier wird also nicht das Bekenntnis zu Jesus als Bedingung des Heils gesehen, sondern das Tun der Wahrheit. Das ist für die Christen Herausforderung, sich nicht mit den richtigen Glaubensformulierungen zufrieden zu geben. Für die Nicht-Christen aber ist es die Zusage, dass sie zum Licht kommen können, das uns Jesus geoffenbart hat, wenn sie die Wahrheit tun, wenn sie ihre Augen öffnen und das Eigentliche erkennen. Wenn ihnen die Wahrheit aufgeht, dann haben sie in ihrem Herzen

Jesus verstanden, der uns die Wahrheit aufgedeckt hat, der uns offenbar gemacht hat, was ist, dass Gott die Liebe ist und dass Gott will, dass die Menschen das ewige Leben finden.

In diesen Versen werden wichtige Grundworte miteinander verbunden: ewiges Leben, Liebe, Wahrheit, Licht, Glaube. Der Glaube öffnet uns die Augen, damit wir die Wahrheit erkennen, damit unsere Dunkelheit sich auflöst und sich unser Dasein erhellt. Der Glaube ist der Weg, auf dem wir teilhaben am ewigen Leben, an dem Heil, das Jesus uns gebracht hat, und an der Liebe, die der Grund allen Seins ist und auch der Grund von Jesu Kommen in diese Welt. Die Liebe Gottes soll der Leser des Johannesevangeliums nun in allen Worten und Taten Jesu erkennen. Wenn er sich von dieser Liebe erfüllen lässt, wird sein Leben verwandelt. Er wird durch die Liebe, wie sie in Jesus offenbar wird, selbst befähigt, zu lieben. In dieser Wiederherstellung der Liebesfähigkeit besteht für Johannes die wahre Erlösung und Rettung des Menschen. Wer die Augen verschließt, der schließt sich selbst vom Leben und von der Liebe aus. Wer glaubt, der hat schon teil an der anderen Welt, die durch Jesus in unsere Welt einbricht, an der Welt des Lichtes, der Wahrheit, der Liebe und des ewigen Lebens.

Das Gespräch mit der Samariterin am Jakobsbrunnen (4,1–26)

Das Gespräch Jesu mit der Samariterin hat seit jeher Künstler und Ausleger fasziniert. Die Geschichte ist voller Symbolik. Das beginnt mit dem Namen des Ortes. Sychar heißt: Es ist etwas verstopft. Der Mensch ist verstopft. Er ist abgeschnitten von seiner Quelle. Es strömt nichts mehr in ihm. Er ist ausgetrocknet. Jesus ist müde von der Reise.

Auch das ist ein Bild für uns, die wir müde geworden sind auf unserem Weg. Die sechste Stunde, in der sich Jesus an den Brunnenrand setzt, verweist auf die Stunde, in der Pilatus Jesus zum Tod verurteilt. Da sagt Johannes mit den gleichen Worten: »Es war am Rüsttag des Paschafestes, ungefähr um die sechste Stunde.« (Joh 19,14) Die sechste Stunde als Bild für die Mühsal unserer Arbeit (sechs Tage Arbeit) und für die Unvollkommenheit alles Irdischen verweist auf die Sieben, die Zahl der Vollkommenheit und der Verwandlung.

Für die Juden war der Umgang mit den Samaritern verpönt. Denn die Samariter waren die Nachfahren der von den Assyrern dorthin geschickten Völker, die sich mit den verbliebenen Israeliten vermischt hatten. Für einen jüdischen Rabbi war es unmöglich, sich in der Öffentlichkeit mit einer Frau zu unterhalten. Jesus nun durchbricht die engen Vorstellungen der Juden. Er bittet eine samaritische Frau, sie solle ihm etwas zu trinken geben. Daraufhin entsteht ein Gespräch zwischen Jesus und der Samariterin, das allen menschlichen Gesprächsregeln widerspricht. Aber Johannes will gerade durch die Art, wie er dieses Gespräch schildert, zeigen, dass es nicht nur um äußere Dinge geht, sondern um das Geheimnis des Lebens schlechthin. Hier tauchen die so genannten johanneischen Missverständnisse auf, die dazu dienen, das Gespräch auf eine höhere Ebene zu heben, mitten im menschlichen Gespräch das Göttliche anwesend sein zu lassen.

Der erste Teil des Gesprächs kreist um das Wasser, den Brunnen und die Quelle. Alle drei Begriffe sind Bilder für eine tiefere Wirklichkeit. Der Mensch sehnt sich nach dem Wasser, das seinen Durst löscht. Jesus spricht hier vom lebendigen Wasser. Lebendiges Wasser ist zunächst Quellwasser im Gegensatz zum stehenden Wasser einer Zisterne. Hier aber ist das lebendige Wasser Bild für das Wasser, das wirkliches Leben, ewiges Leben schenkt. Jesus selbst erklärt die Qualität des lebendigen Wassers: »Wer von dem Wasser trinkt, das ich ihm geben werde, wird niemals mehr Durst haben.« (4,14) Jesu Wort erfüllt das, was wir mit dem Wasser eigentlich verbinden. Wer mit Wasser seinen Durst löschen will, will im Grunde eigentlich leben. Für Johannes wird das Irdische Zeichen für das Himmlische, das Vordergründige verweist auf den wahren Grund, das Uneigentliche auf das Eigentliche. Jesus stillt unseren tiefsten Lebensdurst, den Durst nach Leben, nach einem Leben, das strömt. Jesus intensiviert dieses Bild noch. Das Wasser, das er gibt, wird in dem, der es trinkt, »zur sprudelnden Quelle, deren Wasser ewiges Leben schenkt«. Seit jeher haben die Menschen vom Lebenswasser und vom Jungbrunnen geträumt, von einem Wasser, das dem Menschen ein neues und immer junges Lebensgefühl vermittelt, das seine Wunden heilt und ihn vor Altwerden und Sterben bewahrt. Jesus knüpft an diese Ursehnsucht des Menschen an. Er erfüllt, wonach sich die Menschen in ihrem Herzen sehnen. Er gibt das Wasser, das uns ewiges Leben schenkt. Doch wie gibt er dieses Wasser? Es ist nicht nur das Wasser der Taufe, auf das Johannes hier verweisen will. Vielmehr ist Jesus selbst das Wasser. Wasser hat in den Träumen immer eine spirituelle Bedeutung. Es ist das Wasser, das die ermüdete, überdrüssige und erschöpfte Seele erfrischt. Wenn wir Jesus und seine Worte in uns aufnehmen, dann wird er für uns zum heilenden und erfrischenden Wasser. Dann bringt er uns in Berührung mit der inneren Quelle lebendigen Wassers, die in unserer Seele sprudelt, von der wir aber oft genug abgeschnitten sind. Wenn wir aus dieser inneren Quelle trinken, werden wir nie vertrocknen. Wir werden nie leer und erschöpft werden. Denn die Quelle, die in uns strömt, ist unerschöpflich, weil sie göttlich ist.

Dem Durst nach Leben folgt die Sehnsucht nach Liebe. Ohne zunächst erkennbaren Grund fordert Jesus die Frau auf: »Geh, ruf deinen Mann, und komm wieder her!« (4,16) Als die Frau antwortet, dass sie keinen Mann habe, gibt Jesus die rätselhafte Antwort: »Du hast richtig gesagt: Ich habe keinen Mann. Denn fünf Männer hast du gehabt, und der, den du jetzt hast, ist nicht dein Mann. Damit hast du die Wahrheit gesagt.« (4,17f) Die Exegeten haben verschiedene Möglichkeiten für diese Szene erörtert. Die erste Möglichkeit ist die wörtliche. Dann würde Jesus als Prophet das Privatleben der Frau erkennen. Eine jüdische Frau konnte sich höchstens zwei- bis dreimal verheiraten. Für jüdische Verhältnisse wäre die Frau also höchst fragwürdig. Und Jesus, der sich gar nicht entrüstet über ihr Leben, würde dann seine innere Weite und Freiheit von allen Vorurteilen zeigen. Begegnung mit Jesus wäre immer auch Begegnung mit der eigenen Wahrheit. Andere Bibelwissenschaftler sehen das Ganze typologisch. Die Frau sei ein Bild für die samaritische Gemeinde. Und die sechs Männer seien Bilder für die verschiedenen Kulte, die die Samariter praktizieren. Jesus würde dann alle diese Kulte relativieren und sie auf den eigentlichen Kult, auf die Anbetung im Geist und in der Wahrheit, verweisen. Die sechs Männer sind dann Symbol für die Götzen, mit denen wir verheiratet sind, mit den Götzen des Geldes, der Macht, der Sexualität, des Ruhmes. Die Götzen führen uns nicht über uns hinaus an den Ort, an dem unser Herz zur Ruhe kommt. Erst wenn wir vor Gott niederfallen und ihn anbeten, gelangen wir ans Ziel unserer Sehnsucht. Dann beruhigt sich unser unruhiges Herz. Wir sind dort angekommen, wo wir wahrhaft zu Hause sind.

Für mich sind die sechs Männer, die die Frau hat, Bild für die unvollkommene Beziehung zwischen Mann und Frau. Auch sechs Männer vermögen die Sehnsucht der Frau nach Liebe nicht zu erfüllen. Die Frau sehnt sich – wie wir alle – nach bedingungsloser Liebe. Aber immer wieder muss sie die Erfahrung machen, dass kein Partner ihr diese Sehnsucht erfüllt. Wir erleben immer wieder, wie die Liebe zu einem Mann oder einer Frau uns verzaubern kann. Aber schon nach kurzer Zeit spüren wir, dass unsere Liebe begrenzt ist, vermischt mit Besitzansprüchen, mit Eifersucht, mit Enttäuschung und Bitterkeit. Oder wir spüren die Begrenzung des eigenen Partners und sehnen uns nach einem, der unsere Sehnsucht nach Liebe wirklich erfüllt. So sind die sechs Männer Bild für den ungestillten Lebensdurst der Frau und für die Selbsttäuschung, der wir alle verfallen sind, der Täuschung, als könne unsere unendliche Sehnsucht von endlichen Menschen erfüllt werden.

Die sechs Männer verweisen auf den siebten Mann, auf Jesus, der ein Herz für uns hat, der am Kreuz sein Herz für uns durchbohren lässt. Aus diesem durchbohrten Herzen strömt seine Liebe in uns ein, die nicht vermischt ist mit egoistischen Motiven. Johannes verweist uns in unserer Sehnsucht nach Liebe auf Jesus, der am Kreuz für uns stirbt und uns seine Liebe bis zur Vollendung erweist. Am Kreuz wird die Erfüllung der Liebe sichtbar, die in unseren Versuchen, einander zu lieben, immer nur unvollkommen aufscheint. Die Götzen verweisen auf die wahre Anbetung. Daher ist es durchaus folgerichtig, wenn die Frau auf den Hinweis Jesu antwortet: »Herr, ich sehe, dass du ein Prophet bist. Unsere Väter haben auf diesem Berg Gott angebetet; ihr aber sagt, in Jerusalem sei die Stätte, wo man anbeten muss.« (4,20) Jesus ist der Prophet, der in das Herz des Menschen sieht und es durchschaut. Wie die Propheten des Alten Testaments verkündet er die wahre Anbetung Gottes. In der Anbetung geht es um den Ort, an dem ich mich vergessen kann, an dem ich wahrhaft zu Hause bin. Die sechs Männer haben der Frau keine wirkliche Heimat geschenkt. Heimat finden wir nur dort, wo das Geheimnis wohnt, wo wir in der Anbetung vor Gott niederfallen und das

Kreisen um uns selbst aufgeben. Jesus relativiert die beiden Kultorte Jerusalem und Garizim. Nicht an bestimmten Orten will Gott angebetet werden, sondern im Geist und in der Wahrheit. Geist und Wahrheit bezeichnen die Haltung des Menschen, der Gott anbetet. Er muss – wie wir im Gespräch Jesu mit Nikodemus erfahren haben – aus dem Geist neu geboren sein. Und er muss dabei seine eigene Wahrheit Gott hinhalten. Gott kann man nur in einer inneren Haltung seelischer Echtheit und ehrlicher Selbstwahrnehmung anbeten. »Gott ist Geist.« (Joh 4,24) »Gott als Geist hat kein Geschlecht.« (Sanford 1, S. 48) Er ist weder Mann noch Frau. Als Geist ist Gott überall. So kann er überall angebetet werden. Die Bedingung ist, dass wir ihn im Geist und in der Wahrheit anbeten, in innerer Stimmigkeit und Offenheit.

Die Aussage Jesu über die wahre Gottesverehrung, die an keinen Ort gebunden ist, zeigt eine große Ähnlichkeit zu spiritualistischen Strömungen des hellenistischen Judentums und der griechischen Philosophen. Die Nähe zu dieser verinnerlichten Spiritualität erklärt nach Josef Blank »den großen Erfolg des Johannesevangeliums bei den griechisch-christlichen Intellektuellen«. (Blank, S. 300) Auch heute noch ist das Johannesevangelium daher vor allem bei den Mystikern aller Religionen beliebt. Es hat die griechischen Kirchenväter am meisten bewegt, und es berührt heute buddhistische Mönche, sufistische Kreise des Islam und hinduistische Yogis. Sie alle sind fasziniert von der Weite und Tiefe Jesu, wie er uns bei Johannes begegnet. Damals hat Jesus die samaritische Frau überzeugt. Sie wurde zur ersten Jüngerin in Samaria. Eine Frau wird zur ersten Verkünderin von Jesu Messianität. Eine Frau (Maria von Magdala) wird die erste Apostolin der Auferstehung. Im Johannesevangelium haben die Frauen eine wichtige Bedeutung. Neben der samaritischen Frau und Maria von Magdala sind da noch Maria und Marta, von denen Johannes sagt, dass Jesus sie liebte. (Joh 11,5) Johannes erhebt die Frau »in den Rang einer spirituellen Autorität der Kirche« (Sanford 1, S. 72). Maria, die Mutter Jesu, bekommt in der johanneischen Gemeinde den gleichen Rang wie der Jünger, den Jesus liebte.

Die Heilung des Gelähmten (5,1–9)

Johannes kennt nur drei Heilungsgeschichten: die Heilung des Sohnes eines königlichen Beamten (Joh 4,43–54), die Heilung des Gelähmten (Joh 5,1–18) und die Heilung des Blindgeborenen (Joh 9,1–12). Bei der ersten Heilungsgeschichte geht es vor allem um die heilende Wirkung des Glaubens. Wer sein Vertrauen in Jesus und seine Worte setzt, erfährt Heilung. Seine Seele wird innerlich erneuert. Das heilt auch seinen Leib. Die beiden letzten Heilungen geschehen jeweils am Sabbat, und ihnen schließt sich eine lange Diskussion über theologische Themen an. Die Heilungen sind Zeichen für eine andere Wirklichkeit, für die Herrlichkeit Gottes, die gerade am Sabbat offenbar wird und am Sabbat gebührend gefeiert werden will.

Die Heilung des Gelähmten geschieht am Teich von Betesda. Es ist dort offensichtlich eine antike Heilstätte, die auch von vielen jüdischen Kranken besucht wird. Drei Arten von Kranken werden hier beschrieben: Blinde, Lahme und Verkrüppelte. Alle diese Krankheiten sind auch Symbol für unsere psychische Situation. Wir sind blind. Wir haben die Augen verschlossen vor der eigentlichen Wirklichkeit, vor der eigenen Wahrheit. Wir haben blinde Flecken und weigern uns, sie anzuschauen. Wir sind gelähmt vor Angst. Wir haben Angst, einen Fehler zu machen. Das blockiert uns. Und wir sind verkrüppelt. Wir sind nicht so geworden, wie wir das gerne hätten. Vieles in uns konnte nicht wachsen und hat sich nicht entwickelt. So sind wir verkrüppelt. Wir leben nur einen Teil dessen, was in uns ist. Unsere Verletzungen haben einen Teil unserer Seele blockiert und an der Entfaltung gehindert. In all diesen Kranken können wir uns wiederfinden. Auch in dem Kranken, der dann geheilt wird. Von ihm wird gesagt, dass er 38 Jahre lang krank war. Für Johannes ist jede Zahl symbolisch. Die Israeliten sind 40 Jahre durch die Wüste gezogen. Nach zwei Jahren waren sie schon am Ziel. Doch weil sie Gott nicht glaubten, mussten sie nochmals 38 Jahre durch die Wüste ziehen, bis alle waffenfähigen Männer gestorben waren. (Vgl. Dtn 2,14) Der Mann steht also für Menschen, die keine Waffen mehr haben, die sich nicht mehr wehren, die sich nicht mehr abgrenzen können. Sie beziehen alles auf sich. Sie haben eine dünne Haut. Augustinus deutet die Zahl auf eine andere Weise. Er meint: 38 sei 40 minus zwei. 40 sei die Zahl der Erfüllung des Gesetzes. Weil der Mann die Gottesliebe und Nächstenliebe, die zwei Gebote, die Jesus gebracht hatte, nicht erfüllte, deshalb war er krank. Wie immer man diese Zahl verstehen möchte, sicher steht dahinter eine Symbolik, die uns heute fremd erscheint.

Jesus heilt den Kranken, indem er ihn zuerst sieht und wahrnimmt. Er, der lange übersehen wurde, wird endlich angesehen. Das schenkt ihm Ansehen. Und Jesus erkennt, warum er so lange krank ist. Jesus versteht ihn. Der wichtigste Schritt der Therapie besteht immer im Verstehen. Wenn sich jemand verstanden fühlt, dann geht es ihm schon besser. Jesus fragt nun den Kranken: »Willst du gesund werden?« (5,6) Das ist eine eigenartige Frage, die Jesus dem Kranken stellt, der doch in die Heilstätte gekommen ist, um gesund zu werden. Doch Jesus appelliert an den Willen. Es ist nicht immer so selbstverständlich, dass wir wirklich gesund werden wollen. Die Psychologie spricht vom sekundären Lustgewinn, den eine Krankheit uns schenkt. Wenn wir gelähmt bleiben, brauchen wir keine Verantwortung für uns und unser Leben zu übernehmen. Jesus fordert den Kranken heraus, sich dem Leben zu stellen. Doch der Kranke antwortet mit einem ganzen Lebensroman: »Herr, ich habe keinen Menschen, der mich, sobald das Wasser aufwallt, in den Teich trägt. Während ich mich hinschleppe, steigt schon ein anderer vor mir hinein.« (5,7) Für viele Menschen ist der Grund ihrer Krankheit wirklich, dass sie keinen Menschen haben, dem sie vertrauen, mit dem sie offen über sich reden können. Aber die Worte des Kranken klingen eher nach Selbstmitleid. Er fühlt sich als zu kurz gekommen. Die anderen sind schneller. Sie haben es besser. Nur ihn mag niemand. Nur um ihn kümmert sich keiner. Der Kranke begründet, warum er so lange krank ist. Die anderen sind schuld, die ihn übersehen, die ihm nicht helfen. Er kann nichts dafür. Er ist einfach schlechter dran als die anderen. Auf diesen Lebensroman antwortet Jesus nun nicht mitleidsvoll, sondern eher konfrontierend und desillusionierend. Er fordert ihn einfach auf: »Steh auf, nimm deine Bahre und geh!« (5,8) Jesus nimmt dem Kranken die Illusion, dass nur die anderen an seiner Krankheit schuld seien. Er hat mit seiner ersten Frage den Willen des Kranken gestärkt. Jetzt wendet er sich an diesen Willen: »Steh auf! Du kannst stehen, wenn du möchtest. Geh. Es geht schon.« Der Kranke muss selbst Schritte tun, um gesund zu werden. Er braucht die Nähe Jesu, der ihm die Kraft zutraut, aufzustehen. Aber aufstehen muss er selbst. Jesus richtet ihn nicht auf, sondern er vermittelt ihm das Vertrauen, dass er stehen kann. Auf diese Vertrauen weckende Anrede hin wagt es der Kranke, aufzustehen.

Der Kranke nimmt seine Bahre unter den Arm und geht. Die Bahre ist Zeichen seiner Krankheit. Wir möchten die Symptome unserer Krankheit gerne los werden. Wir möchten gerne unsere Angst, unsere Unsicherheit, unsere Hemmungen ablegen. Wenn wir uns sicher fühlen, würden wir gerne aufstehen. Aber der Kranke soll mitten aus seiner Schwäche heraus aufstehen. Und er soll die Zeichen seiner Krankheit und Schwäche unter den Arm nehmen und sie mit sich herumtragen. Er soll sich nicht mehr ans Bett fesseln lassen, sondern mit seinen Hemmungen herumgehen. Sie lähmen ihn nicht mehr. Sie dürfen sein. Das ist die wahre Heilung: anders mit den Symptomen umzugehen, die uns oft genug am Leben hindern.

Noch zwei Aspekte sind an dieser Heilungsgeschichte wichtig. Jesus heilt am Teich von Betesda, von dem sich die Menschen Heilung erwarteten. Jesus heilt durch sein Wort. Er bringt mit seinem Wort den Kranken mit der inneren Quelle in Berührung, die in ihm sprudelt. Es ist letztlich die göttliche Quelle, die Quelle des Heiligen Geistes, von der schon im Gespräch mit der Samariterin die Rede war. Der Mensch wird nicht gesund, wenn wir ihm von außen her gute Ratschläge geben, sondern wenn er mit seiner inneren Quelle in Berührung kommt, mit den eigenen Ressourcen, die jeder in sich hat. Johannes ist überzeugt davon, dass die Krankheit eigentlich darin besteht, vom göttlichen Lebensstrom abgeschnitten zu sein. Daher geschieht für ihn die wahre Heilung dadurch, dass wir wieder am göttlichen Leben Anteil bekommen. Nur die Symptome der Krankheit zu kurieren, das wäre noch keine wirkliche Heilung. Heil und ganz wird der Mensch erst dann, wenn göttliches Leben ihn durchströmt.

Jesus heilt am Sabbat. Darüber gibt es nach der Heilung eine lange Diskussion mit den Juden. Die Heilung am Sabbat offenbart, dass der Mensch ursprünglich von Gott geschaffen worden ist. Am Anfang hat Gott dem Menschen seinen Lebenshauch eingeatmet. Da war der Mensch in inniger Verbindung mit Gott. Doch der Mensch hat sich von Gott getrennt und die Verbindung mit ihm abgeschnitten. Das hat ihn krank gemacht. Jesus versteht den Sabbat als Feier der ursprünglichen Würde des Menschen. Der christliche Gottesdienst besteht darin, die Schöpfung, so wie sie von Gott gut gemacht wurde, zu feiern. In jeder Eucharistiefeier wird Gottes heilende und erneuernde Kraft an den Menschen erfahrbar. Wenn die Christen am Sonntag zum Gottesdienst zusammenkommen, dann begegnen sie dem göttlichen Arzt Jesus, der alle antiken Ärzte übertrifft. Er braucht keine besonderen Rituale: Sein Wort allein weckt in den Menschen das Leben. Sein Wort bringt uns in Berührung mit der inneren Quelle.

Die eucharistische Brotrede (6,22–59)

Seit jeher haben die Bibelwissenschaftler darüber gerätselt, warum Johannes uns nicht von der Einsetzung der Eucharistie beim Abendmahl berichtet. Stattdessen überliefert er uns die so genannte Brotrede, die er nach den beiden Zeichen Jesu, der Brotvermehrung und dem Seewandel, bringt. Manche meinen, Johannes würde mit seinem Evangelium die Sakramentenpraxis seiner Zeit in Frage stellen. Aber Johannes will sicher nicht die Feier der Eucharistie kritisieren. Doch er will auf das Zentrum dieser Feier hinweisen: Es geht in der Feier der Eucharistie um die persönliche Begegnung mit Jesus Christus. Und es geht darum, aus dieser Begegnung heraus nun den Menschen in Liebe zu begegnen. Vermutlich will er einem magischen Missverständnis der Eucharistie wehren, wie es damals im Raum des Hellenismus durchaus nahe lag. Johannes zeigt uns auf, dass es kein Sakrament gibt, das sich nicht auswirkt in einem neuen Verhalten. Die Eucharistie als Erfahrung der Liebe Gottes fordert uns auf: »Liebt einander, so wie ich euch geliebt habe.« (Joh 15,12)

Früher legte man die gesamte Brotrede eucharistisch aus. Heute teilt man die Brotrede in zwei Teile. Im ersten Teil (6,22–51) bezeichnet sich Jesus als Brot des Lebens. Dieses Brot essen wir, indem wir an Jesus glauben. Nur der zweite Teil (6,51–59) – so glauben viele – ist eigentlich eucharistisch gemeint. Manche sehen daher diese Verse als Zusatz eines kirchlichen Redaktors. Doch wenn wir von der symbolischen Sprache des Johannes ausgehen, so brauchen wir die Rede nicht künstlich auseinander zu reißen in eine spiritualistische und eucharistische Sicht des Brotes. In beiden Teilen der Rede geht es um Jesus Christus als das wahre Brot, das vom Himmel herabgekommen ist. Das Essen des Brotes geschieht nicht nur in der Eucharistie, sondern auch im Glauben und in der engen Bindung an die Person Jesu Christi. Johannes möchte mit seiner Brotrede die enge Beziehung von Sakrament und Glauben aufzeigen. »Ohne den persönlichen Glauben, belebt durch das Geschenk des Geistes, gibt es kein authentisches sakramentales Leben.« (Dufour, S. 343)

Während Jesus im Gespräch mit der Samariterin vom Durst des Menschen gesprochen hat, spricht er hier vom Hunger und von der Speise, die nicht verdirbt, sondern »für das ewige Leben bleibt« (6,27). Er selbst ist diese Speise. »Ich bin das Brot des Lebens; wer zu mir kommt, wird nie mehr hungern, und wer an mich glaubt, wird nie mehr Durst haben.« (6,35) Der Glaube stillt den Durst, die persönliche Beziehung zu Jesus den Hunger. Durst ist die Sehnsucht nach Leben. Der Hunger verweist auf das Gefühl, zu kurz gekommen zu sein, als Kind nicht satt geworden zu sein. Hunger ist daher letztlich immer Hunger nach Zuwendung, nach Liebe. Jesus bezieht sich in seiner Selbstaussage auf den Auszug der Israeliten aus Ägypten. In der Wüste litten die Israeliten immer wieder an Hunger. Sie schrien zu Mose, dass er ihnen zu essen gebe. Gott lässt im Manna Brot vom Himmel regnen. Manna wurde seit jeher als göttliche Speise gesehen, als Speise, die die Seele, den inneren Menschen, nährt. Gott selbst hat das Volk auf dem Weg in das Gelobte Land gespeist. Wenn Jesus sich als Brot vom Himmel bezeichnet, dann bedeutet das, dass er uns auf dem Weg in die Freiheit, auf dem Weg in das Gelobte Land, in dem wir ganz wir selbst sein dürfen, nährt, damit wir nicht vor Hunger umkommen. Die persönliche Beziehung zu Jesus stärkt uns auf dem Weg durch die Wüste unseres Lebens.

Die Juden murren über das Wort Jesu, indem sie auf seine irdische Herkunft hinweisen. »Ist das nicht Jesus, der Sohn Josefs, dessen Vater und Mutter wir kennen?« (6,42) Für Johannes ist es wichtig, dass gerade dieser irdische Mensch Jesus die Offenbarung des Vaters ist. In diesem geschichtlichen Menschen, der in Nazaret aufgewachsen ist, der mitten unter den Menschen gelebt hat, wird Gott erfahrbar. »Wer glaubt, hat das ewige Leben.« (6,47) Nun kommt ein anderes Thema in die Rede Jesu. Es geht nicht mehr um Hunger und das Brot, das den Hunger stillt, sondern um die Frage von Tod und Leben. Wie finde ich Leben, das nicht mehr stirbt? Jesus verweist auf die Juden, die in der Wüste das Manna gegessen haben und doch gestorben sind. Wer aber von dem Brot isst, das Jesus selber ist, wird nicht sterben: »Ich bin das lebendige Brot, das vom Himmel herabgekommen ist. Wer von diesem Brot isst, wird in Ewigkeit leben.« (6,51) Und nun erklärt Jesus, warum der nicht sterben wird, der sich an ihn bindet: »Das Brot, das ich geben werde, ist mein Fleisch, (ich gebe es hin) für das Leben der Welt.« (6,51) Bevor wir diesen Vers eucharistisch deuten, müssen wir ihn erst einmal auf den Tod Jesu hin verstehen. Jesus drückt hier aus, dass er sich selbst, sein irdisches Leben, hingeben wird für das Leben der Welt. Er wird sich im Tod für uns geben, damit wir das ewige Leben haben. Es ist wie ein göttlicher Austausch. Jesus stirbt, damit wir leben. Jesus gibt sein Leben, damit wir es für immer haben. Es geht Johannes also in erster Linie in der Brotrede um eine Deutung von Tod und Auferstehung Jesu. Das wird auch deutlich in der Bemerkung in 6,4: »Das Pascha, das Fest der Juden, war nahe.« In Jesus geschieht das neue Pascha. Da wird der wahre Hinübergang vom Tod zum Leben offenbar. Jesus ist das wahre Paschalamm. Er gibt sich für uns hin, damit wir durch ihn das Leben haben.

Nun erst verweist Jesus auf die Eucharistie. Die Eucharistie ist der konkrete Ort, an dem wir an Tod und Auferstehung Jesu glauben, an dem wir uns an Jesus binden, der für uns gestorben ist, an dem wir eins werden mit dem, der das göttliche Leben in sich trägt. Diese intensive Begegnung mit dem für uns gestorbenen und auferstandenen Herrn geschieht, indem wir sein Fleisch essen und sein Blut trinken. »Mein Fleisch ist wirklich eine Speise, und mein Blut ist wirklich ein Trank. Wer mein Fleisch isst und mein Blut trinkt, der bleibt in mir, und ich bleibe in ihm.« (6,55f) In der Eucharistie drückt sich der Glaube an Jesus, das Brot des Lebens, leibhaft aus, indem wir das Fleisch und das Blut des Herrn essen und trinken. Essen und Trinken sind in der Traumsymbolik immer Bilder für Integration. Wer Jesu Fleisch isst und sein Blut trinkt, der wird eins mit ihm, der integriert ihn in sein Bewusstsein. Johannes spricht davon, dass wir das Fleisch nicht nur essen, sondern kauen sollen (»trogein«). Wir sollen die Liebe Jesu, die sich in seiner Hingabe am Kreuz vollendet, kauen, damit sie nicht nur unser Herz, sondern auch unseren Leib durchdringt. Kauen meint nicht nur den äußeren Vorgang des Essens, sondern in der spirituellen Tradition immer auch das Meditieren, das innere Wiederkäuen des Wortes Gottes. In der Eucharistie hören wir nicht nur Jesu Worte, wir nehmen sie auch in uns auf, wir assimilieren sie, damit sie uns von innen heraus bestimmen. Im Brot essen wir die menschgewordene Liebe Gottes, damit sie uns durchdringt und verwandelt. Die Eucharistie bewirkt die intensivste personale Beziehung zu Jesus Christus, die man sich vorstellen kann. Die Beziehung wird zu einem Inne-Sein. Jesus ist in mir, und ich bin in ihm. In diesem Einswerden miteinander vollendet sich die Liebe Gottes zu uns. Da erfüllt sich, was Jesus in 3,16 gesagt hat: Gott gibt uns seinen Sohn in die Hand, damit wir ihn glaubend und essend in uns aufnehmen. Das ist ewiges Leben, göttliches Leben, göttliche Liebe, die uns verwandelt. Ignatius von Antiochien nennt daher die Eucharistie »pharmakon athanasias«, Arznei der Unsterblichkeit. In der Einleitung zur Brotvermehrung, die den Auftakt zur eucharistischen Brotrede bildet, hat Johannes erwähnt, dass die Menschen Jesus folgen, »weil sie die Zeichen sahen, die er an den Kranken tat«. (Joh 6,2) In der Eucharistie will Jesus meine Krankheit heilen. Eucharistie ist Arznei für Leib und Seele. Sie heilt den Menschen von seiner Todeswunde. Wer an der Eucharistie teilnimmt, hat Anteil am ewigen Leben. Er hat ein Leben in sich, das auch durch den Tod nicht mehr vernichtet werden kann.

Johannes entfaltet in der Brotrede ein eigenes Verständnis von Eucharistie. Die Brotrede wird uns nur verständlich, wenn wir andere Texte hinzunehmen, in denen Johannes sich auf die Eucharistie bezieht. Die Hochzeit zu Kana ist ein eucharistischer Text. Von diesem Text her haben die Kirchenväter die Eucharistie das Hochzeitsmahl genannt, das Jesus, der göttliche Bräutigam, mit uns hält. Darin reicht er uns, wie Irenäus sagt, den »compendii poculum« = den Kelch der Zusammenfassung, in dem alle Geheimnisse des Lebens und der Liebe Jesu enthalten sind. (Vgl. Dufour, S. 344 f) In der Bildrede vom Weinstock (Joh 15) erläutert Jesus, was das Bleiben in ihm bedeutet. Wer als Rebe am Weinstock bleibt, der bringt wahre Frucht. Es gibt keine wirkliche Eucharistie, ohne dass wir Frucht bringen, die Frucht der Liebe. Johannes schildert an der Stelle, an der die Synoptiker von der Einsetzung der Eucharistie sprechen, die Fußwaschung (Joh 13). So ist die Fußwaschung auch ein Bild für die Eucharistie. In der Eucharistie erweist uns Jesus seine Liebe bis zur Vollendung. Da reinigt er uns durch sein Wort und durch die Liebe, die in seinem Fleisch und Blut für uns erfahrbar wird. In der Fußwaschung geht es nicht nur um Reinigung, sondern auch um Heilung der Wunden. In der Eucharistie dürfen wir erfahren, dass wir durch Christus rein werden, dass wir ganz und gar angenommen werden, auch mit unseren Füßen, die die Erde berühren und sich täglich schmutzig machen. Jesus beugt sich in der Eucharistie bis zu unseren Füßen, um uns dort zu berühren, wo wir uns selbst nicht annehmen können, und wo wir verwundet sind. Er heilt unsere Wunden, indem er sich ihnen liebevoll zuwendet.

Die letzte Szene, in der sich Johannes auf die Eucharistie bezieht, ist das Frühmahl des Auferstandenen mit den Jüngern am See von Tiberias (Joh 21,9–13). Eucharistie heißt Begegnung mit dem Auferstandenen. In der Eucharistie tritt der Auferstandene vom anderen Ufer aus in unseren grauen Morgen, in die Nacht unserer Vergeblichkeit, und schafft eine Atmosphäre von Liebe und Heimat. Er reicht uns nicht nur Brot, sondern auch Fisch. Der Fisch gilt seit jeher als Speise des Paradieses, als Speise der Unsterblichkeit. In der Brotrede spricht Jesus davon, dass der, der sein Fleisch isst und sein Blut trinkt, ewiges Leben hat. Im Frühmahl mit dem Auferstandenen erzählt uns Johannes den Sinn dieses Wortes. Jesus reicht uns im Fisch die Speise des ewigen Lebens, die Speise, die uns Anteil gibt am göttlichen, unsterblichen, unvergänglichen und unverderblichen Leben des Auferstandenen.

Streit um Jesus (7,14–52)

Vom fünften bis zum zehnten Kapitel schildert uns Johannes die vielen Streitgespräche, die Jesus mit den Juden geführt hat. In diesen Streitgesprächen geht es nie nur um die damalige Auseinandersetzung, sondern immer auch um den Glauben der Leser. Der Leser wird mit seinen Zweifeln und Bedenken Jesus gegenüber angesprochen. Seine Zweifel werden von den Juden in Worte gefasst. Und Jesus selber antwortet auf diese Zweifel. Johannes lässt mitten in den Auseinandersetzungen um Jesus immer wieder glaubende Zeugen auftreten, die stellvertretend für die Gemeinde den Glauben an Jesus bekennen. Stellvertretend für die vielen Streitgespräche möchte ich nur eine Szene aus dem siebten Kapitel herausgreifen.

Jesus ist beim Laubhüttenfest in Jerusalem. Er lehrt im Tempel. Die Juden wundern sich über seine Lehre: »Wie kann der die Schrift verstehen, ohne dafür ausgebildet zu sein?« (7,15) Das ist ein Vorwurf, den die Christen damals von den gebildeten Juden öfter zu hören bekamen. Und es ist ein Vorwurf, der uns auch heute oft gemacht wird. Buddha und Laotse erscheinen den Asiaten gebildeter zu sein als Jesus. Manche Buddhisten fragen sich, wie man mit einer so einfachen Lehre leben könne. Auf all diese Zweifel antwortet Jesus: »Meine Lehre stammt nicht von mir, sondern von dem, der mich gesandt hat. Wer bereit ist, den Willen Gottes zu tun, wird erkennen, ob diese Lehre von Gott stammt oder ob ich in meinem eigenen Namen spreche.« (7,16f) Jesu Lehre ist nicht irdische Weisheit. Sie stammt von Gott. In Jesus offenbart uns Gott, wer er selbst und was das Geheimnis des Menschen ist. In Jesu Worten wird nicht unsere menschliche Neugier gestillt. Wir werden den Sinn und die Tiefe seiner Worte nur erfassen, wenn wir auch bereit sind, uns auf die spirituelle Dimension seiner

Worte einzulassen, wenn wir uns dem Geheimnis Gottes öffnen.

Im ersten Teil der Rede geht es um die Weisheit und die Herkunft der Lehre Jesu. Im zweiten Teil geht es um die Frage, warum Jesus getötet wurde. Das war damals für die Christen die zentrale Frage, um die sie lange gerungen haben. Es ist auch heute für uns immer wieder die Frage: Warum musste der, der die Liebe Gottes verkündete, am Kreuz sterben? Jesus argumentiert den Juden gegenüber von ihrer eigenen Tradition her. Mose hat die Beschneidung angeordnet. Sie ist ein Zeichen des Bundes zwischen Gott und den Menschen. Die Beschneidung darf auch am Sabbat vollzogen werden. Jesus gibt nun die Heilung des Gelähmten, die er am Sabbat vollzogen hat, als Grund dafür an, dass ihn die Juden töten wollen. »Warum zürnt ihr mir, weil ich am Sabbat einen Menschen als Ganzen gesund gemacht habe? Urteilt nicht nach dem Augenschein, sondern urteilt gerecht!« (7,23f) Jesus hat in der Heilung des Kranken den Sinn des Sabbats aufgezeigt, dass der Mensch heil und ganz wird, dass er so wiederhergestellt wird, wie er von Gott geschaffen worden ist. Das Paradox besteht darin, dass Jesus sterben musste, weil er das Leben brachte, dass Jesus im Namen Gottes getötet wurde, weil er die ursprüngliche Absicht Gottes verkündet und in der Heilung der Kranken offenbar gemacht hat. Jesu Tod wird so zum Gericht über eine Frömmigkeit, die die Absichten Gottes verfälscht. Jesu Tod offenbart Gott in seiner Wahrheit: als den Gott der Liebe und des Lichtes.

Nun schildert Johannes die Reaktion der Leute auf Jesus. Sie reden über ihn. »Ist das nicht der, den sie töten wollen?« (7,25) Wenn Jesus in der Öffentlichkeit predigen kann, dann hat vielleicht auch der Hohe Rat erkannt, dass er der Messias ist. Aber dann kommen wieder die Bedenken. Er kann ja nicht der Messias sein. Denn von

Jesus weiß man ja, woher er stammt. Vom Messias aber weiß man nicht, woher er kommt. Auf diese Überlegungen der Menschen und wohl auch der Leser antwortet Jesus: »Ihr kennt mich und wisst, woher ich bin; aber ich bin nicht in meinem eigenen Namen gekommen, sondern er, der mich gesandt hat, bürgt für die Wahrheit. Ihr kennt ihn nur nicht. Ich kenne ihn, weil ich von ihm komme und weil er mich gesandt hat.« (7,28) Jesu irdische Herkunft ist klar. Doch seine göttliche Herkunft erkennen die Juden nicht. Jesus macht ihnen den Vorwurf, dass sie Gott selber nicht kennen. Das ist ein scharfer Vorwurf gegen die, die glauben, dass sie mit Gott auf vertrautem Fuße stehen. Es ist auch ein Vorwurf an uns. Haben wir uns ein so festes Gottesbild gemacht, dass Jesus darin keinen Platz hat? Wenn wir Jesus und Gott nicht zusammenbringen, dann kennen wir letztlich auch Gott nicht. Wenn wir das Geheimnis der Menschwerdung nicht verstehen, verstehen wir Gott nicht.

Viele Leute kommen zum Glauben an Jesus. Das ist Ermutigung für die Leser. Es ist sinnvoll, an diesen Jesus als Messias zu glauben. Denn bei soviel Zeichen, die er gewirkt hat, darf man ruhigen Gewissens an ihn glauben. Doch nun schicken die Hohenpriester und die Pharisäer die Tempelpolizei, um Jesus festzunehmen. Ihnen sagt Jesus ein Rätselwort: »Ich bin nur noch kurze Zeit bei euch; dann gehe ich fort, zu dem, der mich gesandt hat. Ihr werdet mich suchen, und ihr werdet mich nicht finden; denn wo ich bin, dorthin könnt ihr nicht gelangen.« (7,33 f) Die Juden verstehen das Rätselwort nicht. Sie überlegen, ob er wohl zu den Griechen gehen wird, um sie zu belehren. Damit sprechen sie durchaus etwas Richtiges an. Den Juden, die nicht an Christus glauben, folgen Griechen, die wegen ihres Glaubens in die Gemeinschaft der Christen aufgenommen werden. Das Rätselwort Jesu gibt aber auch den Lesern zu denken: Gibt es auch für die

Christen ein Zu-Spät? Werden auch sie Jesus nach seiner Rückkehr zum Vater nicht mehr finden? (Vgl. Schenke, S. 163 f) Doch wenn sie glauben, dann haben sie ihn schon gefunden. Dann sind sie im Glauben schon bei ihm, dort, wo er jetzt beim Vater ist, in der ewigen Herrlichkeit. Dann haben sie jetzt schon teil an seiner Vollendung.

Am letzten Tag des Laubhüttenfestes zogen die Priester morgens zur Schiloachquelle, schöpften Wasser und brachten es in feierlicher Prozession zum Tempel, um es auf dem Brandopferaltar auszugießen. Dieser Ritus erinnerte an den Felsen, der zur Zeit des Mose Wasser spendete, und er verwies auf die Tempelquelle, die in der messianischen Zeit beständig frisches Wasser geben werde (Sach 13,1). Die Priester stießen in die Posaune. Dabei dachte man an die Verheißung aus Jesaja 12,3: »Wasser sollt ihr schöpfen mit Wonnen aus den Quellen des Heils.« Am siebten Tag, auf den sich Johannes bezieht, zog man siebenmal mit der Wasserspende zum Tempel. Im Hintergrund dieses siebenmaligen Umzugs stand die Vision des Ezechiel von der wunderbaren Quelle, die an der Schwelle des Tempels hervorströmt und zu einem großen Strom wird, der alles befruchtet. Auf diesen Ritus nimmt Jesus Bezug, wenn er den Leuten zuruft: »Wer Durst hat, komme zu mir, und es trinke, wer an mich glaubt. Wie die Schrift sagt: Aus seinem Inneren werden Ströme von lebendigem Wasser fließen.« (7,37 f) Es ist ein mutiges Wort, das Jesus den Menschen zusagt, und »eines der schönsten Bildworte des johanneischen Jesus« (Schnackenburg). Denn Jesus nimmt für sich in Anspruch, dass sich in ihm die Verheißungen des Alten Testaments erfüllen. Was das Fest eigentlich symbolisiert, vollendet sich in ihm. Johannes deutet das Wort Jesu für die Leser: »Damit meinte er den Geist, den alle empfangen sollten, die an ihn glauben; denn der Geist war noch nicht gegeben, weil Jesus noch nicht verherrlicht war.«

(7,39) Der Tod Jesu wird die Stunde sein, in der aus dem durchbohrten Herzen der Geist auf uns ausströmt und in uns zu einer Quelle von lebendigem Wasser wird. Jeder von uns wird zu einem Tempel, in dem die Quelle des Heiligen Geistes immer frisches Wasser hervorsprudelt. In diesem Wort Jesu erfüllt sich, was er der samaritischen Frau versprochen hat. Der Tod Jesu wird hier gedeutet auf dem Hintergrund des Laubhüttenfestes mit seinen Bräuchen. Jesu Leib ist der wahre Tempel. Und aus diesem Tempel wird die Quelle hervorsprudeln, die den Menschen ewiges Leben schenkt. Das Wasser, das aus dieser Quelle strömt, wird – wie es der Prophet Ezechiel beschreibt – das Vertrocknete in uns befruchten und das Kranke in uns heilen (das salzige Wasser gesund machen. (Ez 47,8) Es wird überall Leben wecken und frische Früchte bringen. (Ez 47,12)

Jesus deutet mit diesem Wort nicht nur seinen Tod, sondern auch den Gottesdienst der christlichen Gemeinde. Im Sinne Jesu Gottesdienst feiern heißt nicht, irgendwelche Riten zu vollziehen, sondern mit der inneren Quelle in Berührung zu kommen. Im ganzen Johannesevangelium lesen wir immer wieder kultkritische Worte. Johannes will die Liturgie der christlichen Gemeinde nicht abschaffen. Aber er weist seine Leser auf das Wesen des Gottesdienstes hin, auf die Anbetung, die in Geist und Wahrheit geschieht. Die christliche Gemeinde soll so Gottesdienst feiern, dass die Quelle des Geistes in ihr und in jedem Einzelnen zu sprudeln beginnt. Dieser Gottesdienst ist nicht an bestimmte Orte gebunden, sondern an die Person Jesu Christi. Er ist der eigentliche Tempel, in dem wir unseren Gottesdienst feiern. Und er möchte, dass wir durch den Gottesdienst zu jener Liebe befähigt werden, die er uns erwiesen und zu der er uns immer wieder aufgefordert hat.

Jesu Predigt macht Eindruck auf die Menschen. Es entsteht eine Spaltung, ein Schisma. Die einen glauben an

Jesus. Sie nennen ihn den Propheten. Er ist der Prophet, den Gott als zweiten Mose senden wird. Und er ist der Messias, nach dem sich Israel sehnt. Andere lehnen Jesus ab. Sie argumentieren damit, dass der Messias nicht aus Galiläa kommen kann. Die Spaltung setzt sich bei den Pharisäern und Hohenpriestern fort. Als das Polizeikommando unverrichteter Dinge zurückkehrt, antworten die Polizisten auf die Frage, warum sie Jesus nicht festgenommen haben: »Noch nie hat ein Mensch so gesprochen.« (7,46) So legen die, die ihn eigentlich festnehmen sollten, Zeugnis ab für Jesus. Jesus wirkt nur durch sein Wort. Doch sein Wort hat eine solche Macht, dass es selbst die, die sich dagegen wehren, berührt und überzeugt. Von Jesus geht etwas aus, dem man sich nicht entziehen kann. Als die Pharisäer über die Gerichtsdiener und über das ungebildete Volk schimpfen, ergreift Nikodemus Partei für Jesus: »Verurteilt etwa unser Gesetz einen Menschen, bevor man ihn verhört und festgestellt hat, was er tut?« (7,51) Die Diener und das Volk sind ein Bild für die ersten Christen, die aus unteren Schichten kommen und keine größere Bildung genossen haben. Nikodemus argumentiert aus der jüdischen Dogmatik heraus. Er möchte, dass der Rechtsweg eingehalten wird. Er steht für den Juden, der ehrlich darum ringt, Jesus zu verstehen und ihn richtig zu sehen. Nikodemus lädt die Juden ein, sich für Jesus zu entscheiden. Wer richtig in der Schrift liest, kann in ihr entdecken, dass Jesus die Erfüllung aller Verheißungen ist.

Jesus und die Ehebrecherin (7,53–8,11)

Die Perikope gehört nach dem Urteil der meisten Bibelwissenschaftler nicht zum Johannesevangelium. Dennoch ist sie ein authentischer Text, der das Verhalten Jesu gegenüber Sündern in wunderbarer Weise aufzeigt. Nach dem Zeugnis des Kirchenvaters Eusebius ist dieser Text schon dem Papias um das Jahr 130 bekannt. Die syrische Kirchenordnung »Didaskalia« bezieht sich auf diese Stelle. Vielleicht hat die Kirche Probleme mit diesem Text gehabt, weil sie ihrer eigenen rigiden Haltung gegenüber Ehebruch nicht entspricht. Sie hatte offensichtlich Angst, Jesu Verhalten gegenüber der Sünderin könne zu einer laxen Ehemoral führen. Umso wichtiger erscheint es mir, diesen Text auszulegen. Denn in ihm wird ein wunderbares Porträt von Jesus gezeichnet. Dieses Porträt entspricht zwar eher dem Jesusbild des Lukas. Doch wenn wir genauer hinschauen, hat zumindest der, der diesen Text genau an dieser Stelle einfügte, eine Theologie vertreten, die mit der des Johannesevangeliums im Einklang ist.

Schon der erste Vers bringt die Verbindung mit der vorhergehenden Szene. Auf die Predigt Jesu hin gehen alle nach Hause. Jesus geht zum Ölberg. Aber am nächsten Tag kommt er wieder in den Tempel. Da bringen die Schriftgelehrten und Pharisäer eine Frau, die beim Ehebruch ertappt worden ist. Auf Ehebruch steht nach dem jüdischen Gesetz die Todesstrafe. Wenn eine Ehefrau die Ehe brach, wurde sie erdrosselt. Wenn eine Verlobte mit einem anderen Mann schlief, wurde sie gesteinigt. Das jüdische Gesetz stand ganz auf Seiten des Mannes. Die Ehefrau war sein Besitz. Der Mann konnte nur die Ehe eines anderen Mannes brechen, nie die eigene. Jesus tritt hier für die Frau ein. Sie hat die gleiche Würde wie der Mann.

Die Pharisäer benützen die Frau, um Jesus eine Falle zu stellen. Das ist unmenschlich. Die Frau wird zum Spielball in ihren eigenen Plänen mit Jesus. Sie wollen Jesus in Schwierigkeiten bringen. Denn ganz gleich, wie Jesus antwortet, sie werden einen Grund finden, ihn anzuklagen. Wenn Jesus sich für die Frau ausspricht, dann ist er gegen das Gesetz. Dann haben sie einen Grund, ihn als Propheten und als Messias abzulehnen. Wenn er sich gegen die Frau wendet, dann würde das seiner eigenen Vergebungsbotschaft widersprechen. Und sie hätten einen Grund, ihn bei den Römern anzuklagen. Denn die Römer hatten allein das Recht auf die Todesstrafe. Doch gerade in sexuellen Dingen waren die Römer eher liberal. Jesus lässt sich nicht in die Enge treiben. Er handelt aus einer inneren Freiheit und Souveränität heraus. Diese Souveränität entspricht durchaus dem johanneischen Bild von Jesus.

Jesus lässt die Ankläger einfach stehen. Er überlässt sie ihren eigenen Gedanken. Er zwingt sie, dass sie sich ihrer eigenen Wahrheit stellen, dass sie zu sich stehen, anstatt ihre sexuellen Wünsche auf die Frau zu projizieren und dadurch von sich selbst abzulenken. Er bückt sich und schreibt mit dem Finger auf die Erde. Die Bibelwissenschaftler rätseln, was Jesus mit dieser Symbolhandlung ausdrücken wollte. Vielleicht hat Jesus oder der Autor den Vers aus dem Propheten Jeremia im Blick: »In den Staub wird geschrieben, wer von dir weicht; denn sie verließen den Herrn, den Quell des sprudelnden Wassers.« (Jer 17,13 f) Dann ist es ein gleichnishaftes Handeln, das den Pharisäern aufzeigt, wie sehr sie Jahwe, den wahren Gott, den Quell sprudelnden Wassers, verlassen und sich auf den Buchstaben des Gesetzes verlegt haben. Das würde zum vorhergehenden Text gut passen, in dem Jesus von der Quelle lebendigen Wassers gesprochen hat, die in ihm selbst entspringt und in jedem, der an ihn glaubt. Wer nicht glaubt, der vertrocknet und wird hart und hartherzig. Weil in ihm nichts mehr strömt, braucht er andere Menschen, um an ihnen seine Härte abzureagieren. Solch harte Menschen spüren sich nur dann, wenn sie andere verurteilen. Weil sie in sich kein Leben haben, können sie die Lebendigkeit in anderen nicht ertragen und müssen sie töten. Jesus ist die Quelle des Lebens. An seiner Quelle kann auch der wieder lebendig werden, der sich in der Sünde von seiner eigenen Quelle abgeschnitten hat. Man kann das Schreiben Jesu aber auch als Versuch verstehen, Zeit zu gewinnen, damit sich in seinem Inneren eine kreative Antwort herausbildet. Jesus lässt sich nicht von den Pharisäern und ihren aufgeregten Worten bestimmen, sondern schweigend kommt er mit seiner inneren Mitte in Kontakt. Wer mit seiner Mitte, mit seinem Selbst in Berührung ist, der kann kreativ auf eine schier unlösbare Situation reagieren.

Wie immer man die Handlung Jesu versteht, auf jeden Fall verunsichert er damit die Schriftgelehrten. Er verweist sie auf ihre eigene Erdhaftigkeit. Auch sie sind von der Erde genommen, mit den gleichen Trieben und Begierden. Jesus zeichnet in den Staub ihre eigentliche Wahrheit. In seiner Zeichnung sollen sie einen Spiegel für die eigene Seele sehen. Doch sie weigern sich, in diesen Spiegel zu schauen, und fragen hartnäckig weiter. Sie wollen sich nicht verunsichern lassen. Da richtet sich Jesus auf. Er schaut sie an. Er stellt sich ihnen. Und er sagt einen Satz, der jeden ins Herz trifft: »Wer von euch ohne Sünde ist, werfe als erster einen Stein auf sie.« (8,7) Mit einem einzigen Satz gibt er eine kreative Antwort auf die vielen Worte der Pharisäer. Es ist ein souveräner Satz, ein Satz, aus dem die Weisheit Jesu und zugleich seine Milde und Barmherzigkeit spricht. Jesus sagt dieses Wort und bückt sich wieder. Er überlässt jeden seinem eigenen Gewissen. Er kontrolliert nicht. Jetzt geht einer nach dem anderen fort. Die Ältesten sind die Weisesten. Sie wissen, dass sie in ihrem langen Leben nicht ohne Sünde geblieben sind. Psychologisch handelt Jesus hier äußerst geschickt: Er verunsichert die, die so sicher daherkommen. Er konfrontiert die, die die Frau verurteilen wollen, mit sich selbst und ihrer Wahrheit. Und er überlässt das Nachdenken über die eigene Situation jedem Einzelnen.

Er schickt jeden in seine eigene Verantwortung. Das Wort, das Jesus jedem Einzelnen ins Angesicht gesprochen hat, brennt in den Herzen der Ankläger. Sie können der Wucht dieses einfachen Wortes nicht ausweichen. Man könnte meinen, hinter dem Rücken Jesu würden Einzelne heimlich doch zum Stein greifen und ihn gegen die Ehebrecherin schleudern. Doch keiner wagt es. Nach jüdischem Brauch mussten die ersten Zeugen auch den ersten Stein werfen. Damit übernahmen sie die volle Verantwortung für die Hinrichtung. Diese Verantwortung wollte niemand übernehmen. Denn Jesus bindet den jüdischen Brauch an die Voraussetzung, dass der Zeuge, der gegen einen andern zeugt, auch selbst frei von Sünde sein muss. So ehrlich sind die Ankläger offensichtlich, dass sie es nicht wagen, gegen die Kraft und Klarheit von Jesu Wort einen Stein in die Hand zu nehmen.

Jesus bleibt allein zurück mit der Sünderin. Augustinus sagt zu dieser Stelle: »Zurückgeblieben sind zwei, die Erbarmungswürdige und das Erbarmen (»misera et misericordia«), die Arme, und der, der ein Herz hat für die Arme.« Jetzt begegnet Jesus der Frau. Er »nimmt sie aus der Verlegenheit und Unsicherheit heraus, indem er die Schuldfrage gar nicht stellt und auch über die Anklage gegen die Frau kein einziges Wort verliert, sondern nur noch auf das Verhalten der Ankläger reflektiert.« (Blank, S. 119) Jesus verzichtet darauf, die Frau zum Eingeständnis ihrer Schuld zu drängen. Er fragt sie vielmehr nach dem Verhalten ihrer Ankläger: »Frau, wo sind sie geblieben? Hat dich keiner verurteilt?« (8,10) Man hört direkt den Stein, der der Frau vom Herzen fällt, wenn sie antwortet: »Keiner, Herr.« (8,11) Jesus sagt der Frau die Vergebung zu, und er ermutigt sie, fortan nicht mehr zu sündigen: »Auch ich verurteile dich nicht. Geh und sündige von jetzt an nicht mehr!« (8,11) Jesus entschuldigt ihr Verhalten nicht, sondern er vergibt ihr. Und er traut ihr zu, dass sie nicht mehr sündigt, dass sie ein anderes Leben führen kann, das ihr mehr entspricht. Er sieht auch in der Sünde ihre Würde. Sie kann auch anders leben. Er zwingt sie nicht zur Reue, nicht zur Aufgabe ihrer Selbstachtung, indem er sie beschuldigt und ihr die Größe ihrer Schuld aufzeigt, sondern er gibt ihr Vertrauen und Zuversicht in den künftigen Weg. Er befreit sie zu einem neuen Leben.

Die Wahrheit befreit (8,30–36)

Im Streitgespräch des achten Kapitels gibt es eine Stelle, die mich seit jeher fasziniert. Als Jesus davon spricht, dass der Vater, der ihn gesandt hat, immer bei ihm ist und ihn nicht allein lässt, glauben viele Juden an ihn. Hier wird das bisweilen so negative Bild der Juden im Johannesevangelium durchbrochen. Viele Juden schließen sich Jesus an. Die johanneische Gemeinde besteht ja zum großen Teil aus Juden. Die Juden, die nicht glauben, stehen bei Johannes für die Welt, die Jesus nicht aufnimmt. Die Tendenz, Jesus abzulehnen, steckt im Leser genauso wie in den Juden, die sich damals Jesus gegenüber verschlossen, weil sie meinten, sie hätten schon alles. Für Johannes nun dreht sich alles darum, an Jesus zu glauben oder ihn abzulehnen. Sünde ist für ihn nicht ein Übertreten von Geboten, sondern sich Jesus gegenüber zu verschließen. Am Glauben entscheidet sich alles. Glauben heißt, aus dieser Welt in die andere überzugehen, das Vordergründige zu durchbrechen und das Eigentliche zu sehen.

Johannes verwendet in seinem Evangelium nie das Substantiv »pistis« = Glaube, sondern immer nur »pisteuein = glauben« als Verb. Bei Paulus ist es gerade anders. Bei ihm kommt »pistis« mindestens hundertfünfzigmal vor. Doch »pisteuein = glauben« hat Johannes achtundneunzigmal gegenüber vierundfünfzigmal bei Paulus. (Martini, S. 108)

Der Glaube ist für Johannes kein Besitz, sondern ein Vorgang. Es geht nicht darum, ob ich den Glauben habe, sondern darum, ob ich immer anfange zu glauben, dass ich diese Welt übersteige und Jesus als den sehe, der die Welt überwindet, der mich in die jenseitige Welt Gottes einführt. Johannes verbindet den Glauben entweder direkt mit Jesus, oder aber er verwendet »glauben« ohne jeden Zusatz. Dann ist »glauben« eine eigene Weise der Existenz, ein Leben, das einen anderen Geschmack bekommen hat. Zum Glauben gehört das Schauen, Erkennen, Begreifen. Glauben heißt: Im Licht leben, Erhelltsein, Durchblicken, Erleuchtetsein. Wer glaubt, der ist von der Finsternis ins Licht übergegangen. Im Glauben hat er ewiges Leben in sich, da beginnt er erst, wirklich zu leben. Wenn Johannes davon spricht, dass Menschen an Jesus glauben, dann erläutert er es manchmal mit ähnlichen Worten wie: Jesus annehmen, zu Jesus kommen, ihn suchen, auf ihn hören, in ihm bleiben. Glauben drückt dann die persönliche Beziehung zu Jesus aus. (Vgl. Martini, S. 111)

In unserem Abschnitt spricht nun Jesus »zu den Juden, die an ihn glaubten« (8,31). Glauben heißt: in seinem Wort bleiben, von seinem Wort her leben, in seinem Wort wohnen. Was heißt das? Wir haben alle unsere inneren Worte, die uns bestimmen. Glauben heißt, sich von den Worten Jesu bestimmen zu lassen, von den Worten, die uns die Wirklichkeit aufschließen und sie für Gott öffnet. Wer im Wort Jesu bleibt, der erkennt die Wahrheit, er ist in der Wahrheit. Er ist in Berührung mit der Wirklichkeit. Glauben hat hier eine mystische Bedeutung: Aufwachen zur Wirklichkeit. Und dann sagt Jesus den wunderbaren Satz: »Die Wahrheit wird euch befreien.« (8,32) Wahrheit meint hier nicht Sätze, die wahr sind und an die man glauben muss, sondern die eigentliche Wirklichkeit, die Wirklichkeit Gottes. Die Wahrheit schenkt dem Menschen Klarheit über sich selbst. In der Wahrheit erkennt sich der Mensch selbst, wird sein Dasein erhellt. Und das bedeutet für ihn Freiheit. Freiheit ist hier nicht die politische Freiheit oder die Freiheit des Geistes. Vielmehr meint Johannes mit diesem Satz: Wer Jesus erkennt und durch ihn den wahren Gott schaut, der ist frei vom Verhaftetsein an den Schein dieser Welt. Er wird frei von den Illusionen, die er sich über sich selbst gemacht hat. Er wird frei von seiner Vergangenheit, von seinem Kreisen um sich selbst. Er muss nicht mehr für sich kämpfen. Er hat die Wirklichkeit berührt und ist darin zu sich selbst gekommen. Er ist ganz er selbst geworden und hat es nicht mehr nötig, für sich zu werben.

Die Juden hören aus diesem Satz Jesu den Vorwurf heraus, dass sie unfrei sind. So wehren sie sich dagegen. Als Nachkommen Abrahams haben sie sich nie als Sklaven gefühlt. Doch Jesus verweist sie auf ihre innere Unfreiheit: »Wer die Sünde tut, ist Sklave der Sünde.« (8,34) Die Sünde ist hier nicht das Übertreten von Geboten, sondern das Verhaftetsein an den Schein, an das Vordergründige, die Weigerung, sich für die Wahrheit zu öffnen, an den Sohn zu glauben. Wer im Schein lebt, der wird zum Sklaven. Er wird von außen gelebt. Er ist nicht in Kontakt mit sich selbst. Jesus erklärt die Freiheit nochmals mit dem Bild der Hausgemeinschaft. In der Hausgemeinschaft konnten die Sklaven jederzeit weggeschickt werden. Der Sohn dagegen bleibt immer im Haus. Daraus folgert er: »Wenn euch also der Sohn befreit, dann seid ihr wirklich frei.« (8,36) Jesus als der Sohn des Vaters ist der wahrhaft freie Mensch. Er bleibt immer im Haus des Vaters. Und er befähigt auch uns, dauernd im Haus des Vaters zu wohnen und so frei zu sein. Jesus allein kann wahre Freiheit schenken. Aber wie sollen wir diese Behauptung verstehen? Jesus ist für Johannes der, der den Menschen die Augen öffnet für die eigentliche Wirklichkeit, für die Wirklichkeit Gottes. Er befreit den Menschen aus dem Verhaftetsein an die äußere Wirklichkeit. Er bringt ihn in Berührung mit dem wahren Selbst. Und das wahre Selbst ist frei. Es ist nicht nur die Wahrheit, die uns frei macht, sondern letztlich auch der Glaube. Wer glaubt, der ist wahrhaft frei. Er ist unabhängig von der Meinung der Menschen. Er blickt durch. Er sieht das Eigentliche. Er ist einfach. Er ist ganz Sein. Und wer reines Dasein ist, muss sich nicht mehr festhalten an dem, was andere von ihm halten. Er hat es nicht nötig, sich am Besitz, am Ruhm, am Schein festzuklammern. Er hört auf, um die Vergangenheit, um seine Verletzungsgeschichte zu kreisen. Er ruht im Sein. Er ist im Augenblick, in der Wahrheit und in der Freiheit. Niemand bestimmt ihn. Er ist einfach da. Reines Sein ist Wahrheit und Freiheit zugleich.

Heilung des Blindgeborenen (9,1–12)

Die Heilung des Blindgeborenen ist eine so genannte Zeichen-Geschichte. Wir dürfen sie daher als Zeichen für uns auslegen. Wir sind die, die von Geburt an blind sind, die sich weigern, die Wirklichkeit so zu sehen, wie sie ist. Blind sein und Sehen entspricht dem Gegensatz von Licht und Dunkel. Jesus ist das wahre Licht, das in diese Welt kommt. Er erhellt unser Dasein. Er öffnet uns die Augen für die wahre Wirklichkeit. Der Geheilte wird in der Geschichte zum Zeugen für Jesus.

Jesus begegnet wohl am Ausgang des Tempels einem Blindgeborenen. Bei den Jüngern löst das gleich eine Diskussion aus: »Rabbi, wer hat gesündigt? Er selbst? Oder haben seine Eltern gesündigt, so dass er blind geboren wurde?« (9,2) Damit bringen sie die jüdische Auffassung von Krankheit zum Ausdruck. Krankheit ist immer Schuld des Menschen. Heute sehen wir die Krankheit zwar nicht mehr als Folge einer moralischen Schuld an. Aber viele möchten auch heute hinter jeder Krankheit eine psychische Ursache, eine psychische Schuld sehen. Damit aber vermitteln sie den Kranken zu ihrer Krankheit noch Schuldgefühle. Sie sind durch ihr Verhalten oder ihre innere Einstellung selbst schuld an ihrer Krankheit. Manche Therapeuten wecken in ihnen den Hass auf die anderen, auf die Eltern, auf die Geschwister, auf die Lehrer und Erzieher, die an ihrer Krankheit schuld sind. Doch damit helfen sie ihnen nicht weiter. Jesus durchbricht diesen Schuldzusammenhang. Er antwortet: »Weder er noch seine Eltern haben gesündigt, sondern das Wirken Gottes soll an ihm offenbar werden.« (9,3) Die Frage nach der Schuld ist nebensächlich. Entscheidend ist, dass an diesem Blinden das Werk Gottes offenbar wird. Wir sollen nicht nach der Ursache der Krankheit fragen, sondern danach, worauf uns die Krankheit hinweisen und wozu sie uns führen will. Die Krankheit kann der Ort sein, an dem Gott an uns handelt, an dem unsere Masken und Rollen zerbrechen und unser wahres Selbst hervorbrechen kann.

Am Blindgeborenen führt uns Jesus vor Augen, dass allein der Glaube wirklich zu sehen vermag. Wer Jesus im Glauben annimmt, dessen Augen öffnen sich, und er kann die eigene Wahrheit sehen. Er erkennt die Welt so, wie sie ist. Jesus verweist die Jünger auf sich selbst. Er wirkt, solange es Tag ist. Jesu Zeit ist begrenzt. Daher muss er seine Zeit ausnutzen und selbst am Sabbat heilen. Die Nacht, »in der niemand mehr etwas tun kann«, bezieht sich aber auch auf die Nacht des Unglaubens. Wenn ich mich im Unglauben von Jesus abwende, dann wird es für mich Nacht. Dann sehe ich nichts mehr. Dann bin ich ausgeschlossen vom heilenden Wirken Jesu. Johannes will mit dieser Heilungsgeschichte die Leser einladen, sich Jesus als dem Licht zuzuwenden. Auch unsere Zeit ist begrenzt. Wir können nicht bis zum Tode warten, um uns für das Licht zu entscheiden.

Nachdem Jesus seine Jünger auf seine eigentliche Sendung hingewiesen hat, Licht für die Welt zu sein, nimmt er in einfachen Gesten die Heilung vor. »Als er dies gesagt hatte, spuckte er auf die Erde; dann machte er mit dem Speichel einen Teig, strich ihn dem Blinden auf die Augen und sagte zu ihm: Geh und wasch dich in dem Teich Schiloach!« (9,6f) Blindsein ist Ausdruck einer Haltung, die sich weigert, die eigene Wirklichkeit anzuschauen, die blinden Flecken wahrzunehmen, das Schmutzige und Unansehnliche anzusehen. Wer ein zu ideales Bild von sich hat, wird blind für seine Schattenseiten. Er erhebt sich über sein Menschsein. Er gerät in die Hybris, er verliert den Bodenkontakt. Jesus heilt den Blinden, indem er auf die Erde spuckt, auf den »humus«. Er will ihm zeigen, dass er von der Erde genommen ist, von Gott aus dem Lehm der Erde geformt. Und er streicht ihm den Dreck in die Augen, um ihn zu mahnen: Schau auch auf das Schmutzige in dir. Nur wenn du bereit bist, auch deine Schattenseiten anzuschauen, kannst du wieder sehen. Wer blind ist gegenüber seinen eigenen Schattenseiten, der wird vom Hochmut bestimmt. Jesus lehrt den Blinden Demut, humilitas. Er verbindet ihn wieder mit dem humus. Jesus, der sich zur Erde beugt, lädt den Kranken ein, sich selbst zur Erde zuzuwenden und die eigene Erdhaftigkeit anzunehmen. Der Speichel erinnert an die Mutter, die mit Speichel die Wunde des Kindes bestreicht. Jesus schlägt dem Blinden die Wahrheit nicht um die Ohren, sondern vermittelt ihm liebevoll wie eine Mutter, dass er Mensch unter Menschen ist, mit irdischen Bedürfnissen, mit erdhaften Seiten.

Zuletzt schickt Jesus ihn zum Teich Schiloach. Johannes deutet den Namen als »Gesandter«. Der Leser weiß, dass Jesus der Gesandte Gottes ist. Der Blinde muss mit all dem Dreck, den er an sich trägt, zu Jesus, dem Gesandten, gehen, und sich in seiner Liebe waschen. Dann wird er wieder sehen können. Die Kirchenväter haben diese Geschichte immer als Taufgeschichte gedeutet. Und dieses Evangelium wurde immer an Tauftagen verlesen. In der Taufe begegnen wir Jesus, dem Gesandten, und der Quelle, die in ihm für uns sprudelt. Jesu Worte sind wie eine Quelle, die uns Menschen von allem reinigt, was unser Menschsein trübt. Sie wäscht die Bilder ab, mit denen wir das ursprüngliche und unverfälschte Bild Gottes in uns trüben. Sie lässt das reine Urbild Gottes in uns aufstrahlen. Die frühe Kirche nannte die Taufe »photismos« = Erleuchtung. In der Taufe kommen wir ins Licht. Da hellt sich unser Dasein auf. Wir bekommen neue Augen und erkennen die Wirklichkeit, wie sie wahrhaft ist.

Der gute Hirte (10,1–18)

Manche Bibelwissenschaftler meinen, die Hirtenrede sei im Johannesevangelium nicht richtig überliefert. Sie stellen daher den Text völlig um. Doch mit Ludger Schenke gehe ich davon aus, dass der Text in sich stimmig ist. Jesus beginnt im Streitgespräch mit den Pharisäern seine Rede mit einem Rätselwort. (10,1–5) Er erzählt vom alltäglichen Tun der Hirten. Es ist selbstverständlich, dass der Hirte durch die Tür zum Schafstall geht und nicht über den Zaun steigt. Der Türhüter kennt den Hirten und öffnet ihm. Nur Diebe und Räuber steigen woanders in den Stall. Dieb bezeichnet den, der mit List und Täuschung stiehlt. Der Räuber dagegen wendet beim Stehlen Gewalt an. Diebe und Räuber sind Bilder für Menschen, die im Namen Gottes auftreten, aber nicht gut umgehen mit den Menschen, zu denen sie gesandt sind. Sie missbrauchen ihren Auftrag und unterdrücken die Menschen, denen sie die Botschaft Gottes verkünden sollten. Das war nicht nur in der Geschichte Israels und der frühen Kirche eine Gefahr. Das ist auch heute eine Versuchung. Solche Führer begehen geistlichen Missbrauch. Für Johannes wird alles Vordergründige zum Rätsel für etwas ganz anderes. Wer dieses Rätsel auflöst, der ist weise. Und dieses Rätsel löst sich nur durch das rechte Verständnis Jesu auf. Die Zuhörer damals und wohl auch viele Leser heute verstehen »nicht den Sinn dessen, was er ihnen gesagt hatte«. (10,6) Das Johannesevangelium kennt keine Gleichnisse, sondern nur Rätselreden und Bildworte. In Rätseln und Bildern weist Jesus auf das Geheimnis des Menschen und auf das Geheimnis Gottes hin. Die mystische Theologie des Johannes arbeitet nicht mit Erzählungen, wie sie der Grieche Lukas so wunderbar einsetzt, sondern mit Bildern, die das Hintergründige aufleuchten lassen.

Jesus selbst löst das Rätsel seiner Rede auf, indem er sich zuerst mit der Tür (10,7–10) und dann mit dem Hirten identifiziert (10,11–18). Die ganze Rede wird durch vier »Ich bin«-Worte gegliedert. Zweimal sagt Jesus von sich: »Ich bin die Tür.« Er ist die Tür zu den Schafen. (10,7) Jesus allein hat den legitimen Zugang zu den Schafen. Und Jesus ist die Tür für die Schafe. Durch die Tür Jesu können die Schafe ein- und ausgehen, gute Weide finden und so Leben in Fülle erfahren. (10,9–10) Die Tür ist seit jeher ein Ur-Symbol für den Menschen, sie ist Sinnbild für den Übergang von einem Bereich in den anderen, vom irdischen in den himmlischen Bereich. In vielen Kulturen gibt es das Bild der Himmelstür, die den Zugang zum göttlichen Bereich ermöglicht. Im Traum ist die Tür ein wichtiges Symbol. Manchmal träumen wir, dass wir die Tür zu unserem Haus nicht finden. Oder die Tür ist verschlossen. Wir sind ausgeschlossen vom inneren Bereich unserer Seele. Wir laufen nur außen in der Welt herum, haben aber keinen Zugang zu uns selbst. Jesus identifiziert sich mit der Tür. Er ist die Tür zu uns. Er hat Zugang zu unserem Herzen. Und durch Jesus kommen wir in Berührung zu uns selbst. Für mich ist die große Frage, welche Erfahrung dieses Bildwort bei den Jüngern ausgelöst hat oder welche Erfahrung Jesu es ausdrückt. Offensichtlich haben die frühen Christen Jesus und seine Worte als Tür zu sich selbst erfahren. Wenn sie Jesus meditierten, wussten sie auf einmal, wer sie selbst waren. Durch Jesus konnten sie wie durch eine Tür eintreten in das eigene innere Haus, um darin zu Hause zu sein. Jesus war für sie die Tür zu ihrem wahren Selbst. Und das ist die Herausforderung für mich heute: Indem ich Jesus verstehe, verstehe ich mich selbst, erkenne ich, wer ich in Wahrheit bin, bekomme ich Zugang zu mir selbst. Werner Huth, ein erfahrener Therapeut, sieht die Not des heutigen Menschen gerade darin, dass er sein geistiges Zentrum verloren hat und nicht mehr in Beziehung zu seiner eigenen Mitte steht. (Vgl. Huth, S. 474) Für mich kommt alles darauf an, die Bildrede Jesu von der Tür so auszulegen, dass sie den Menschen in seiner Sehnsucht nach seiner inneren Mitte anspricht und ihn in Berührung bringt mit seinem wahren Selbst.

Jesus ist die Tür, durch die ich aus- und eingehen kann. Durch ihn kann ich eine gute Weide finden. Hier wird ein anderer Aspekt der Tür sichtbar. Jesus ist für uns die Tür, durch die wir nicht nur Zugang finden zu uns, sondern auch Ausgang in die Welt. Ein- und Ausgehen, Introversion und Extraversion, beides gehört zusammen. Lebendig bleibt nur der, der durch Jesus in sein Inneres eingeht, aber durch Jesus auch ausgeht in die Welt. Jesus verheißt uns, dass wir durch die Tür, die er für uns ist, den Weg zur Weide finden, die uns nährt. Jesus ist der Hirte, von dem der Psalm sagt: »Er lässt mich lagern auf grünen Auen und führt mich zum Ruheplatz am Wasser. Er stillt mein Verlangen; er leitet mich auf rechten Pfaden, treu seinem Namen.« (Ps 23,2 f) Jesus sagt von sich, dass wir durch ihn Rettung finden und Leben in Fülle. Durch Jesus finden wir zu unserem wahren Wesen, zu unserer Ganzheit. Und in Jesus wird erst offenbar, was Leben heißt. Jesus ist die Tür zum Leben in Fülle, zum Leben im Überfluss. Es ist göttliches Leben, das nicht begrenzt wird durch die Enge unseres Leibes und unserer persönlichen Geschichte.

Wenn wir vorurteilslos an die Hirtenrede herangehen, spüren wir, wie gut Johannes diese Rede Jesu gliedert. Nach dem zweimaligen »Ich bin die Tür« folgt ein zweimaliges »Ich bin der gute Hirt«. Im Griechischen steht hier jeweils »kalos«. Das heißt wörtlich: »schön, richtig, zutreffend«. Jesus ist der einzig wahre Hirt, der Hirt, der das Wesen des Hirten erfüllt, wie es die Bibel etwa in Psalm 23 oder wie es der Prophet im so genannten Hirtenspiegel (Ez 34) beschrieben hat. Jedes Mal erläutert er mit anderen Bildern, wie er sich als guter Hirte versteht. In 10,11 erklärt er: »Der gute Hirt gibt sein Leben hin für die Schafe.« Die bezahlten Knechte dagegen fliehen, sobald ein Wolf sich naht. Die Lohnarbeiter treten erst auf, wenn Jesus sein Leben für seine Schafe hingegeben hat. Jesus hat hier also die Zukunft vor Augen. Johannes dürfte in den Lohnarbeitern christliche Gemeindeleiter gesehen haben, die die Gemeinde zwar leiten, denen es aber nur um das eigene Wohlergehen geht. Die Schafe folgen ihnen, weil sie ihre Stimme kennen. Aber sobald Gefahr kommt, weichen sie zurück und überlassen die Schafe den reißenden Wölfen. Mit dem Bild des guten Hirten deutet Jesus seinen Tod. Er gibt sein Leben für seine Schafe. Sein Tod ist nicht Sühne für unsere Sünden, sondern Ausdruck seiner Pro-Existenz, seines Für-Seins, seiner Liebe zu den Schafen. Jesus gibt sein Leben für die Schafe, damit sie geschützt sind vor den Wölfen, vor den Gefährdungen des Lebens. Wie ist das zu verstehen? Man kann die Gefährdungen natürlich geschichtlich deuten. Dann weisen sie hin auf den Ausschluss der Christen aus der jüdischen Gemeinde und um das Abwerben der Christen durch die Pharisäer. Doch eine Bildrede sagt immer mehr aus. Das Bild verweist auf das Geheimnis des Menschen und auf das Geheimnis Gottes. Wir sind gefährdet durch Selbstverachtung, durch das Leben hemmende seelische Muster, durch Verletzungen und Kränkungen, durch Haltlosigkeit und Orientierungslosigkeit. Wenn Jesus von sich sagt, dass er für seine Schafe sein Leben hingibt, dann ist das Ausdruck seiner bedingungslosen Liebe zu uns. Die tiefste Gefährdung des Menschen besteht im Mangel an Liebe und an den Folgen dieser kränkenden Erfahrung. Wer sich nicht geliebt weiß, lehnt sich selbst ab, verurteilt sich, wird hart, kalt und leer. Er ist unfähig, sich und andere zu lieben. Da braucht es eine Liebe, die sich nicht zurückhält, die bis zur Konsequenz des eigenen Todes durchgehalten wird, um uns von dieser tödlichen Wunde des Liebesmangels zu heilen.

Im zweiten Anlauf zeigt Jesus noch eine andere Qualität des guten Hirten auf: »Ich kenne die Meinen, und die Meinen kennen mich, wie mich der Vater kennt und ich den Vater kenne; und ich gebe mein Leben hin für die Schafe.« (10,14f) Hier kommt die intime Beziehung zwischen Jesus und den Seinen zum Ausdruck. Jesus kennt seine Jünger und alle, die an ihn glauben. Er liebt jeden Einzelnen. Jeder ist für ihn so wichtig, dass er sein Leben für ihn einsetzt. Johannes hat eine eigene Formulierung dafür. Er spricht nicht davon, dass Jesus sein Leben hingibt, sondern dass er sein Leben einsetzt, es wagt, es aufs Spiel setzt (»tithemi«) »für die Seinen«. Das Wort »hyper« = für ist bei Johannes wichtig. Mit dieser Formel will Johannes ausdrücken, dass das eigentliche Motiv des Todes Jesu seine Liebe zu den Menschen ist. Weil Jesus die Seinen kennt, weil er jeden persönlich liebt, deshalb setzt er sein Leben für sie ein. Sie sind seine Freunde. In den Abschiedsreden wird Jesus sagen: »Es gibt keine größere Liebe, als wenn einer sein Leben für seine Freunde hingibt.« (15,13) Auch in diesem Vers benutzt Johannes das Wort »tithemi«. Die Vulgata übersetzt es mit »ponere« = stellen, zur Verfügung stellen. Jesus setzt sein Leben für seine Freunde ein. Er setzt sein Leben als Pfand für sie ein. Er stellt es ihnen zur Verfügung. Er hält nicht an sich fest, sondern lässt sich in der Liebe so weit los, dass er sein Leben preisgibt, dass er es einsetzt für seine Freunde.

Jesus ergänzt seine Deutung des guten Hirten noch mit dem Hinweis auf andere Schafe, die nicht aus dem Stall Israels sind. Hier weist er darauf hin, dass er sein Leben für alle Menschen hingegeben hat, dass sein Lebenseinsatz nicht nur für die Juden gilt, sondern für die ganze Welt. Und Jesus deutet seine Lebenshingabe, indem er die Freiwilligkeit betont. »Niemand entreißt es mir, sondern ich gebe es aus freiem Willen hin.« (10,18) Der johanneische Jesus ist souverän. Er ist nicht einfach den politischen Verhältnissen ausgeliefert, die ihn in den Tod treiben. Er gibt sein Leben hin, weil er die Seinen liebt. Das vermag Jesus, weil er sich vom Vater geliebt weiß, weil er auch durch den Tod nicht aus der Liebe des Vaters herausfällt. Und er vermag es, weil er nicht nur die Macht hat, das Leben zu geben, sondern es auch zu nehmen. Damit verweist er auf seine Auferstehung. Jesus gibt sein Leben für die Seinen. Aber in der Auferstehung nimmt er es wieder an sich, auf neue, unüberbietbare Weise. Die Auferstehung befähigt ihn, sich bedingungslos hinzugeben. Er weiß, dass die Liebe stärker ist als der Tod. So sieht Johannes im Tod Jesu nicht eine Sühne für unsere Sünden. Die Schuld kommt bei diesen Aussagen über den Tod Jesu gar nicht vor. Johannes sieht Tod und Auferstehung immer schon zusammen. Und beides ist Ausdruck der unendlichen und bedingungslosen Liebe Gottes zu den Menschen und der

Liebe, die Jesus zu den Seinen hat. Seine Liebe zu den Seinen gründet aber in der Liebe, die Jesus vom Vater erfährt: »Deshalb liebt mich der Vater, weil ich mein Leben hingebe, um es wieder zu nehmen.« (10,17)

Das Bild, das Jesus von sich als Tür und als guter Hirte zeichnet, ist auch eine Herausforderung an uns. Gott beruft auch uns, für andere zur Tür und zum guten Hirten zu werden. In der geistlichen Begleitung dürfen wir manchmal erleben, dass wir im Gespräch dem anderen den Schlüssel liefern, mit dem er die Tür zu seinem eigenen Geheimnis aufsperren kann. Das Bild des guten Hirten ist eine Gewissenserforschung, wie weit wir in unserer Pastoral (Seelsorge = Hirtenarbeit) oder überhaupt in unserer Sorge und Hilfe für andere eher den Lohnarbeitern gleichen, denen letztlich nicht am Schicksal der Schafe liegt, oder den Dieben und Räubern, die sie für sich selbst benutzen, die in der Seelsorge ihre eigenen Bedürfnisse befriedigen, oder dem Fremden, der mit Gewalt eindringt in das Innere des anderen und seine Seele verwüstet, indem er sie in Angst versetzt. Jeder, der sich in der Seelsorge, in der Therapie, in der Begleitung für andere einsetzt, kennt die Gefährdung des geistlichen Missbrauchs. Anstatt dem anderen zu helfen, benutzen wir ihn dann für uns selbst, um die eigenen Defizite auszugleichen. Die Menschen sehnen sich heute nach guten Hirten, die ihr Leben für sie einsetzen, anstatt sie finanziell und psychisch auszunutzen.

Jesus als der gute Hirte, der sein Leben gibt und es wieder nimmt, ist innerlich frei. Er ist nicht bestimmt durch das äußere Schicksal, sondern von seiner Liebe und Freiheit. Wie Jesus sind auch wir frei, unser Leben zu geben und es zu nehmen. Nur wenn das Geben und Nehmen ausgeglichen ist, erfahren wir Leben in Fülle. Wenn wir nur geben, sind wir bald verausgabt. Das Nehmen bezieht sich nicht nur auf die Auferstehung, in der wir für immer das Leben in Empfang nehmen, das Gott für uns bereitet hat. Schon hier in unserem Leben brauchen wir einen gesunden Ausgleich zwischen Geben und Nehmen. Wirkliche Liebe vermag, sich zu geben, sie setzt das Leben ein. Sie wagt das Leben für die, die sie liebt. Aber solche Liebe ist nur möglich, weil ich weiß, dass ich zuerst die Liebe genommen habe, die mir meine Eltern geschenkt haben und die mir in ihrer ganzen Fülle von Jesus entgegenströmt.

Die Auferweckung des Lazarus (11,1–44)

Die Auferweckung des Lazarus ist das siebte und letzte Zeichen, das Jesus wirkt. In ihm zeigt er, dass er der Herr ist über das Leben. Und in dieser Geschichte wird deutlich, dass der Christ jetzt schon auferstanden ist, dass er jetzt schon vom Tod zum Leben übergegangen ist. Dort, wo Jesus wirkt, hat der Tod keine Macht über uns. Vor der Passion Jesu beschreibt Johannes in der Auferweckung des Lazarus das Ziel von Jesu Sendung: Jesus führt uns vom Tod zum Leben. Er ist der Sieger über den Tod. In Jesus hat der Tod seine Macht über uns verloren. So leuchtet in der Auferweckung des Lazarus Gottes Herrlichkeit auf und überwindet das Dunkel des Todes.

Lazarus wird Freund Jesu genannt. Maria und Marta sind Freundinnen Jesu. In ihnen wird jeweils eine andere Weise des Glaubens und der Beziehung zu Jesus beschrieben, die auch für uns Christen heute noch gilt. Marta hört von Jesu Ankunft und geht ihm sofort entgegen. Im Gespräch mit Jesus bekennt sie ihren Glauben an die Auferstehung am Letzten Tag. Doch Jesus belehrt sie: »Ich bin die Auferstehung und das Leben. Wer an mich glaubt, wird leben, auch wenn er stirbt, und jeder, der lebt und an mich glaubt, wird auf ewig nicht sterben.« (11,25 f) Im

Griechischen steht hier »eis eme«. Wörtlich heißt dies: »Wer an mich glaubt, wer in mich eingeht und in mir lebt.« Wer »in der unaussprechlichen Wirklichkeit Christi lebt, für den oder die gibt es keinen Tod.« (Sanford 2, S. 76) Natürlich wird sein physischer Leib sterben. Aber das Leben, das er in Christus erfährt, kann nicht zu Grunde gehen. Auferstehung kommt für Johannes nicht erst nach dem Tod. Sie ist hier schon eine ganz neue Existenzweise. Wer an Jesus glaubt, lebt, auch wenn sein Leib gestorben ist, auch wenn er wie Lazarus im Grab liegt. Der Glaube an Jesus führt dazu, dass wir nicht aus der Liebe zu ihm herausfallen können, auch durch den Tod nicht. Also hat der Tod keine Macht über uns. In Jesus ist der Tod entmachtet. In der Gemeinschaft mit Jesus erfahren wir hier und jetzt schon Auferstehung als eine neue Lebensqualität, als ein Leben, das nicht mehr totzukriegen ist.

Maria wird bereits in 11,2 charakterisiert als die, »die den Herrn mit Öl gesalbt und seine Füße mit ihrem Haar abgetrocknet hat«. Hier wird also schon vorausgenommen, was erst in Joh 12 erzählt wird. Marta ruft ihre Schwester Maria zu Jesus. Sofort steht diese auf und wirft sich ihm weinend zu Füßen. Maria wird hier als die Liebende charakterisiert. Sie führt keinen Dialog mit Jesus. Beide werden vielmehr eins im Weinen um den Freund Lazarus. Maria ist die, die wortlos glaubt. Sie fühlt die Liebe Jesu zu seinem Freund und ihrem Bruder. Weinend weiß sie sich eins mit Jesus und mit seinem bevorstehenden Schicksal des Todes.

Die Auferweckung des Lazarus ist ein Zeichen für die Herrlichkeit Gottes. Sie ist also auch ein Zeichen für das, was Gott an uns wirkt. Wir haben keinen Grund, an der Geschichtlichkeit der Auferweckung des Lazarus zu zweifeln. Aber es genügt nicht, sich nur zu fragen, was damals geschehen ist. Wichtiger ist, die Bildhaftigkeit der Szene so zu deuten, dass wir darin vorkommen. Lazarus ist schon vier Tage im Grab. Sein Leib ist schon in Verwesung übergegangen. Was im Grab liegt, verwest. Das gilt auch für uns. Wenn wir abgeschnitten sind von der Beziehung zu Jesus, dann verwesen wir, dann verlieren wir unser wahres Wesen. Marta weist darauf hin, dass der Verstorbene schon riecht. Die Beziehungslosigkeit führt zu einem üblen Geruch, zu einer destruktiven Ausstrahlung. Jesus hat durch seine Menschwerdung unserem Leben einen neuen Geschmack geschenkt, den Geschmack des Weines. Das wurde im ersten Zeichen Jesu bei der Hochzeit zu Kana deutlich. Durch seinen Tod und seine Auferstehung vertreibt er den Geruch der Verwesung aus unserem Leben. Wie beim ersten Zeichen, so lässt sich Jesus auch hier von einer Frau zu einem Wunder bewegen. Das erste Zeichen bezieht sich auf die Verwandlung des Menschen durch die Menschwerdung Gottes in Jesus. Das siebte Zeichen verweist auf die Verwandlung durch Tod und Auferstehung Jesu. Da wird der Tod selbst verwandelt. Jesus nennt gegenüber Marta den Glauben als die Bedingung, die Herrlichkeit Gottes zu sehen. Und er meint mit Marta auch den Leser. Wer glaubt, dem wird das Zeichen dazugegeben. Wer glaubt, der darf jetzt schon in der Erzählung von der Auferweckung des Lazarus die Herrlichkeit Gottes aufleuchten sehen.

Der erste Schritt der Auferweckung besteht darin, den Stein wegzuwälzen. Wer hinter dem Stein liegt, ist ausgeschlossen von jeder Beziehung. Als der Stein weggenommen ist, beginnt Jesus zu beten. Im Gebet dankt er Gott, dass er ihn immer erhört. Das Gebet zeigt, dass Jesus den Menschen die Herrlichkeit Gottes offenbaren möchte. Sie sollen durch dieses Zeichen fähig werden, an die Auferstehung zu glauben. Nach dem Gebet ruft Jesus mit lauter Stimme: »Lazarus, komm heraus!« (11,43) Er ruft den Freund. Sein Wort der Freundschaft und Liebe dringt selbst in das Grab hinein. Und es weckt den Toten auf und lockt ihn hervor, aus dem Grab zu treten. Das ist ein wunderbares Bild für das Geheimnis der Auferstehung: Jesu Wort der Freundschaft erreicht uns auch im Tod. Seine Liebe ist stärker als der Tod. Aus ihr können wir auch im Tod nicht fallen. Lazarus kommt heraus: »seine Füße und Hände waren mit Binden umwickelt, und sein Gesicht war mit einem Schweißtuch verhüllt«. (11,44) Er ist noch nicht frei. Er ist mit Binden gefesselt. Solche Binden können Abhängigkeiten von Menschen sein oder innere Blockaden, Lebensmuster, die uns gefangen halten. Und sein Gesicht ist verhüllt. Es ist versteckt hinter einer Maske. Man kann ihm nicht ins Antlitz schauen. Die Auferweckung wird erst vollendet, wenn man dem Toten die Binden löst und ihn frei herumgehen lässt. Wer von den Toten aufersteht, dem kann man ins Antlitz schauen. Der ist fähig für die Begegnung. Begegnung geschieht im Einander-Anschauen, im Einswerden des Schauens.

Mit der Auferweckung des Lazarus will uns Johannes zeigen, dass Jesus jetzt schon für uns Auferstehung und Leben ist. Wer an Jesus glaubt, für den spielen Leben und Tod, so wie wir sie kennen, keine Rolle. In Christus sind wir der Todesmacht entrissen. Die Welt, die im Tod zu Ende geht, hat über uns keine Macht mehr. Wir leben bereits hier in der Welt jenseits der Schwelle, in einer anderen Wirklichkeit, die durch den Tod nicht zerstört werden kann. Wer zum Glauben kommt, der steht jetzt schon auf, der findet in Jesus das wahre Leben. Glauben heißt Aufstehen aus dem Grab, Aufwachen aus dem Schlaf der Illusionen. Auferstehung heißt bewusst leben, mit offenen Augen, ohne Fesseln und Masken. Und Auferstehung heißt, dass wir am Ende unseres Lebens nicht in das Dunkel und in die Beziehungslosigkeit fallen, sondern in die Liebe Gottes, die uns für immer auferweckt, so dass wir ewig bei Gott und in Gott sein werden.

Salbung in Betanien (12,1–8)

Nach dem letzten Zeichen berichtet uns Johannes von einer symbolischen Handlung, die auf den Tod Jesu vorausweist. Es ist sechs Tage vor dem Paschafest. Sechs ist die Zahl der Unvollkommenheit und des Selbstgemachten. Das Unvollkommene wird durch den Tod und die Auferstehung Jesu vollkommen und ganz. Die Sechs verweist wieder auf die Sieben, die Zahl der Verwandlung und Vollendung. In der Auferstehung wird der Mensch neu geschaffen. Da ist wahres Pascha: Hinübergang in die Welt Gottes, Verwandlung und Vergöttlichung des Menschen. Da ist Sabbat: Neuschöpfung durch Gott.

Maria, Marta und Lazarus geben sechs Tage vor dem Pascha, also am Sonntagabend, für Jesus ein Abendessen. Vielleicht ist das Mahl hier ein Bild für die Eucharistie, die die Christen ja am Sonntagabend feierten. Maria nimmt ein Pfund echtes, kostbares Nardenöl und salbt damit Jesus die Füße. Es ist eine verschwenderisch große Menge Öl. Nardenöl galt in der Antike als eines der kostbarsten Öle. Judas schätzt den Wert auf dreihundert Denare. Das ist mehr als das Jahreseinkommen eines Tagelöhners. »Das Haus wurde vom Duft des Öls erfüllt.« (12,3) Die überschwengliche Fülle des Öls erinnert an die Fülle des Weines, den Jesus bei der Hochzeit zu Kana schenkt. Bei dieser Hochzeit ist vom neuen Geschmack des Lebens die Rede. Hier ist es der köstliche Duft, der in die Nase steigt. Gottes Liebe, die im Tod Jesu zur Vollendung kommt, verbreitet einen angenehmen Duft. Das ganze Haus, die ganze Kirche, die ganze Welt wird davon erfüllt und verwandelt. Die Kirchenväter deuten diese Szene so, dass der Wohlgeruch der Erkenntnis (der Gnosis) seit Jesu Tod und Auferstehung die ganze Welt erfüllt. Gegenüber dem üblen Geruch, den der tote Lazarus verbreitet, bedeutet Auferstehung, angenehm zu riechen.

Johannes zeigt in diesen Bildern, dass die Wirklichkeit Gottes mit allen Sinnen wahrzunehmen ist. Sie kann geschaut und gehört, geschmeckt und gerochen und betastet werden. Die mystische Tradition hat diese Sicht des Johannes weiter geführt in ihrer Theologie der »dulcedo« = Süßigkeit Gottes. Gott lässt sich erfahren und spüren. Gottes Spur in der menschlichen Seele ist der Wohlgeruch, der neue Geschmack, die Süßigkeit und Freude.

Die Salbung mit köstlichem Öl ist ein Bild für die Liebe. Am Beginn der Passion steht die Liebe einer Frau. Im Kapitel 13 wird Jesu Tun als Liebe beschrieben. Während bei Markus und Matthäus die Frau den Kopf Jesu salbt, spricht Johannes bewusst von der Salbung der Füße. Die Füße zu salben ist etwas sehr Persönliches und Erotisches, und nur der eigenen Ehefrau oder der Tochter erlaubt. Was Maria tut, hat ihre Parallele im Tun Jesu. Beim letzten Mahl wird Jesus die Füße der Jünger waschen. Da wird er nicht nur den männlichen Dienst des Sklaven, sondern auch den fraulichen Dienst der Ehefrau und Tochter an den Jüngern vollziehen. Am Kreuz wird Jesus diese Liebe vollenden, in der er sich selbst für uns gibt. Da wird sich das kostbare Gefäß seines Herzens öffnen, und seine Liebe wird auf uns ausgegossen. Judas versteht die verschwenderische Liebe Marias nicht. Er hat auch kein Gespür für das Geheimnis der Liebe Jesu, der sich für uns im Tod hingibt. Er sieht alles unter dem Aspekt der Zweckmäßigkeit. Das ist menschlich. Gottes Liebe ist etwas anderes. Jesu Offenbarung ist nicht zu vereinnahmen, auch nicht als soziales Programm. In Wirklichkeit stecken – so sagt Johannes – hinter dem sozialen Programm manchmal selbst Neid und Habgier. Hier geht es um das Geheimnis der Liebe, die sich verströmt. Hier ist es die Liebe einer Frau. Sie steht am Anfang der Passion und am Ende, als Maria von Magdala den sucht, den ihre Seele liebt. Die Mitte der Passion, der Tod Jesu am Kreuz, ist Vollendung der Liebe. Mit dem Bild von der Salbung Jesu drückt Johannes aus, dass sich die Liebe, die in Jesu Passion und Auferstehung zur Vollendung kommt, nicht berechnen lässt. Sie ist verschwenderisch und unvernünftig. Sie lässt sich von nüchternen Verstandesmenschen nicht begreifen. Sie ist nur zugänglich für den, der selbst zu lieben versteht.

Die letzte öffentliche Rede Jesu (12,20–36)

Die letzte öffentliche Rede hält Jesus vor den Griechen. Mit den Griechen sind vermutlich gottesfürchtige Heiden gemeint, die im Tempel den Gott Israels verehren wollen. Mit den Griechen ist hier aber auch die ganze griechische Kultur angesprochen. Die Griechen, Vertreter der griechischen Philosophie, Vertreter der hellenistischen Kultur, in der die Religionen des Iran, Ägyptens, Griechenlands und Roms vermischt sind, kommen zu Jesus. Es ist eine umständliche Prozedur, wie sie zu Jesus kommen. Doch Johannes schildert in ihrem Kommen die künftige Heidenmission. Ein Heide, der sich der Gemeinde anschließen wollte, musste durch zwei Gemeindemitglieder empfohlen werden. Hier wenden sie sich an die beiden Griechisch sprechenden Apostel, an Philippus und Andreas. Andreas sagt es Jesus. Manche Bibelwissenschaftler meinen, Jesus würde auf die Griechen gar nicht antworten. Andere meinen, die Griechen könnten Jesus erst sehen, wenn er für die ganze Welt gestorben ist. Doch ich verstehe die Rede Jesu anders. Für mich antwortet Jesus auf die tiefste Sehnsucht der Griechen.

Er beginnt seine Antwort mit dem Satz: »Die Stunde ist gekommen, dass der Menschensohn verherrlicht wird.« (12,23) Mit diesem Wort fasst Jesus das Ziel seines Weges zusammen. Im ganzen Evangelium ist immer wieder der

Hinweis auf die Stunde zu lesen, die noch nicht gekommen ist. Die Stunde, in der alles erfüllt wird, was Gott den Menschen durch seinen Sohn offenbaren wollte, ist die Stunde des Todes. Die Stunde des Todes ist auch die Bedingung, dass die Griechen das Heil erfahren. Denn Jesus stirbt für die ganze Welt. Das zentrale Wort, das hier anklingt und dann in den Abschiedsreden immer wieder auftaucht, ist: Herrlichkeit, Verherrlichtwerden: »doxa« und »doxasthai«. Doxa heißt: Gottes Herrlichkeit, göttlicher Lichtglanz, Gottes Wesen. Mit »doxa« drückt Johannes aus, dass Gottes Wesen sichtbar wird, dass Gott in dieser Welt mit seiner Schönheit und Pracht erscheint. Das deutsche Wort »Herrlichkeit« kommt nicht von Herr, wie manche meinen, sondern von »hehr = erhaben, vornehm, heilig, herrlich«. Und es hängt zusammen mit dem englischen »hoar«, das grau, altersgrau, ehrwürdig bedeutet. Herrlichkeit meint also etwas Heiliges, das über das Irdische hinausgehoben ist. Und es klingt in dem Wort die Weisheit des Alters mit.

Doxa ist nicht nur für Johannes ein wichtiger Begriff. Bei Lukas leuchtet die Herrlichkeit Gottes in Jesu Geburt und in seiner Verklärung auf, als er mit seinen Jüngern auf dem Berg betete (Lk 9,28–36). Die typisch johanneische Botschaft lautet: Jesu Herrlichkeit erstrahlt gerade im Kreuz. Das Kreuz ist der eigentliche Wendepunkt und der Gipfel aller Offenbarung. An ihm wird die Herrlichkeit Gottes allen Menschen sichtbar. Während des Lebens haben nur die Menschen seine Herrlichkeit gesehen, die ihn unmittelbar erlebt und die an ihn geglaubt haben. Am Kreuz, wo Jesus allen sichtbar von der Erde erhöht wird, erscheint die Herrlichkeit Gottes der ganzen Welt.

Mit diesem Wort von der Herrlichkeit, vom göttlichen Lichtglanz, der in einem irdischen Geschehen sichtbar wird, spricht Jesus die Sehnsucht der Griechen an. Diese waren vor allem schauende Menschen. Schauen, etwas einsehen, ein Schauspiel anschauen, um darin das Geheimnis des Lebens zu entdecken, das waren für sie zentrale Wege ihrer Philosophie und ihrer Religion. Am Kreuz dürfen sie all das schauen, wonach sie sich gesehnt haben: Da leuchtet Gottes Lichtglanz für sie auf. Aber Jesus korrigiert die Sichtweise der Griechen. Ausgerechnet in der Passion, in dem grausamen Sterben eines Menschen am Kreuz, werden sie Gottes Licht und Gottes Liebe schauen. Die Griechen brauchen neue Augen, um gerade am Kreuz Gottes Herrlichkeit erkennen zu können.

Mit dem zweiten Satz antwortet Jesus auf eine andere Sehnsucht der Griechen. Die Griechen kreisen um die Frage, wie das menschliche Leben gelingt und was das Geheimnis der Menschwerdung ist. Jesus zitiert ein in der Antike bekanntes Bildwort: »Wenn das Weizenkorn nicht in die Erde fällt und stirbt, bleibt es allein; wenn es aber stirbt, bringt es reiche Frucht.« (12,24) Das Korn ist an sich klein. Nur wenn es stirbt, bringt es Frucht. Mit diesem Wort erklärt Jesus die Wirkung seines Todes. In seinem Sterben am Kreuz werden große Kräfte freigesetzt, die die ganze Welt verwandeln. Es ist die Kraft der Liebe, die in seinem Tod aufbricht und in der Welt ein neues spirituelles Bewusstsein hervorruft. Die Liebe, die am Kreuz sichtbar wird, schlägt in den Seelen vieler Menschen Wurzeln. (Vgl. Sanford 2, S. 103) Durch seinen Tod am Kreuz wird Jesus auch für die Griechen zugänglich. Da bekommen sie teil an seiner Frucht. Mit diesem Wort beschreibt Jesus zudem den Weg unserer Menschwerdung. Unsere Selbstwerdung wird nur gelingen, wenn wir bereit sind, zu sterben, uns selbst loszulassen. Unser Leben wird nur fruchtbar, wenn wir uns nicht daran festklammern. Das erklärt Jesus in einem Satz, der in ähnlicher Weise auch bei den Synoptikern erscheint: »Wer an seinem Leben hängt, verliert es; wer aber sein Leben in dieser Welt gering achtet, wird es bewahren bis ins ewige Leben.« (12,25) Johannes spricht vom Leben in dieser Welt, das wir gering achten, oder, wie es wörtlich heißt, das wir hassen sollen. Das Leben in dieser Welt ist immer schon vom Tod gezeichnet. Es ist mehr Tod als Leben. Wer das Leben in dieser Welt liebt, der liebt letztlich den Tod und setzt »damit von vornherein auf die falsche Karte« (Blank, S. 311). »Wer neurotisch um seine Sicherheit besorgt ist (an seinem Leben hängt), kann nicht wirklich leben, weil er zum Sklaven seiner Angst geworden ist.« (Leong, S. 105) Die Grundfrage der Griechen, wie unser Leben gelingt, beantwortet Jesus mit Bildern, die auch die Griechen verstehen. Nur wenn das Ich stirbt, gelangt der Mensch zu seinem wahren Wesen, zu seinem Selbst. Das unerleuchtete Ich hält die vordergründige Welt für die eigentliche Wirklichkeit. Es muss sterben, damit wir die Herrlichkeit Gottes zu schauen vermögen. Und wir müssen das egozentrische Kreisen um uns loslassen, damit unser Leben fruchtbar wird. Nicht der äußere Erfolg zählt. Er ist oft Ausdruck einer »toten Seele«. Es kommt darauf an, dass wir wahrhaft Frucht bringen, dass Neues von uns ausgeht. Die wahre Frucht wächst aus unserer seelischen Mitte. Das Ich verstellt uns den Zugang zu dieser Mitte. Nur wenn es entmachtet wird, kommen wir in Berührung mit der fruchtbringenden Wirklichkeit unserer Seele.

In den nächsten Versen deutet Johannes das Ringen Jesu an, das die Synoptiker in der Ölbergszene beschreiben. »Jetzt ist meine Seele erschüttert. Was soll ich sagen: Vater, rette mich aus dieser Stunde?« (12,27) Jesus kennt die Erschütterung, die Verwirrung, die Angst, die ihn angesichts des Todes überfällt. Aber er bittet Gott nicht darum, ihn aus dieser Stunde zu retten. Vielmehr bittet er den Vater, er solle seinen Namen verherrlichen. Die Stunde der größten Anfechtung, die Stunde des scheinbaren Scheiterns ist zugleich die Stunde, in der der Lichtglanz Gottes sichtbar wird. Wie ist das zu verstehen? Johannes radikalisiert mit diesem Satz seine Auffassung von der Herrlichkeit Gottes. Wenn im Schlimmsten, das wir uns vorstellen können, in dem grausamen und gewaltsamen Sterben am Kreuz, Gottes Lichtglanz, Gottes Wesen, Gottes Liebe aufscheint, dann gibt es nichts, das vom Licht ausgeschlossen wäre, dann kann alles in uns verwandelt werden, dann ist alles, auch das scheinbar Gottfremde und Gottferne, in Gottes guter Hand. Wenn Jesus den Vater bittet, er solle seinen Namen verherrlichen, dann bittet er ihn letztlich darum, dass in dieser menschlich so bedrängenden Situation nicht menschliche Angst und Feigheit, sondern Gottes Kraft und Liebe die Oberhand gewinnen. Wenn mitten in meiner Angst Vertrauen aufleuchtet, mitten in der Bitterkeit die Liebe, mitten in der Verzweiflung die Hoffnung, dann leuchtet Gott in dieser Welt auf, dann wird Gottes Lichtglanz sichtbar. Dann geht uns auf, was Thomas Merton als das Wesen der Mystik bezeichnet hat: »Alles, was ist, ist heilig.« Das ist das Paradox, dass Jesus gerade am Kreuz verherrlicht wird. Alles ist heilig, alles kündet von Gott, alles ist voll von Gottes Licht.

Der Vater bestätigt Jesus: »Ich habe verherrlicht und werde wieder verherrlichen« (12,28). In den sieben Zeichen hat Gott seine Herrlichkeit in Jesus sichtbar werden lassen. Er wird ihn jetzt in seinem letzten und wichtigsten Zeichen, im Tod am Kreuz, nicht im Stich lassen. Die umstehenden Juden hören die Stimme Gottes, verstehen sie aber nicht. Sie meinen, es habe gedonnert oder ein Engel habe zu ihm gesprochen. Jesus nimmt dieses Missverständnis zum Anlass, über das eigentliche Geheimnis seiner Sendung zu sprechen, die nun im Tod am Kreuz enden wird. Es sind drei Aussagen, die Jesus über seinen Tod am Kreuz macht. Sein Tod ist Gericht über diese Welt: »Jetzt wird der Herrscher dieser Welt hinausgeworfen.« (12,31) Sein Tod erschüttert unsere Selbstsicherheit und stellt uns in die Entscheidung. Die Stunde Jesu ist für uns Krisis: Stunde des Gerichts und der Entscheidung. Im Tod Jesu verlieren die Maßstäbe dieser Welt ihre Bedeutung. Die Macht der Welt wird zerbrochen. Der, der diese Welt regiert, der Herrscher dieser Welt, wird hinausgeworfen. Das ist ein mythisches Bild für eine Wirklichkeit, die wir alle kennen. Wenn die Liebe so sichtbar wird wie im Tod Jesu, dann werden alle Mächte dieser Welt entmachtet, das Geld, der Sex, die Geltungssucht, das Streben nach Macht. Dann entsteht eine andere Welt, in der die Menschen zu Hause sind, in der sie menschlich miteinander zu leben vermögen.

Die zweite Antwort, die Jesus auf die Frage nach dem Sinn seines Todes gibt, lautet: »Ich, wenn ich über die Erde erhöht bin, werde alle zu mir ziehen.« (12,32) Hier taucht ein anderes wichtiges Wort des Johannesevangeliums auf: erhöhen und erhöht werden. Johannes verbindet mit diesem Wort zwei Verbindungen: Der Kreuzesstamm wird erhöht, und Jesus wird am Kreuz in die Höhe gezogen. Diesem äußeren Erhöhen entspricht die innere Bedeutung. Im Alten Testament bedeutet erhöhen, jemanden zu Macht, Ehre und Ansehen bringen, ihn zum Herrscher einsetzen. Indem Jesus am Kreuz erhöht wird, wird er über alle Erde hinaus erhöht. Er wird in Gottes Machtbereich hinaufgehoben. Es ist eine himmlische Erhöhung, die da in der äußeren Erhöhung am Kreuz geschieht. Jesus wird am Kreuz zum Herrn über Himmel und Erde eingesetzt. Er sitzt nun zur Rechten Gottes und tritt für uns ein. Das Erhöhen ist auch ein Bild für unsere christliche Existenz. Am Kreuz werden wir hinaufgehoben in den göttlichen Bereich. Wir werden der Macht dieser Welt entrissen und in das Licht Gottes erhoben. Wir gehören nicht mehr der Welt, sondern Gott. Die Welt hat keine Macht mehr über uns. Wir sind in Gott hinein erhöht.

Vom Kreuz herab wird Jesus alle zu sich ziehen. Die äußere Kreuzgebärde, da Jesus mit offenen Armen am Kreuz angenagelt ist, ist für Johannes eine Liebesgebärde. Jesus öffnet seine Arme, um alle Menschen einzuladen, zu ihm zu kommen. Er wird sie in seine liebenden Arme aufnehmen und sie umarmen. Sein Tod gilt allen Menschen. Die Liebe, die in diesem Tod offenbar wird, schließt niemanden aus. Jeder, der auf das Kreuz schaut, darf sich eingeladen fühlen, sich in diese Liebe zu flüchten. Dann ist er heil, dann ist er gerettet und ganz. In dem Wort »alle zu mir ziehen« klingt das Motiv der Sammlung aller Völker an, die uns der Prophet Jesaja immer wieder verheißt. Am Kreuz sammelt Jesus die zerstreuten Schafe Israels, aber auch alle auf der Welt zerstreuten Menschen, die sich nach Einssein, Heilsein und Ganzsein sehnen. Das griechische Wort »helko« hat das Bild des Magneten vor Augen, der mit unsichtbarer Kraft alle Gegenstände an sich zieht. Die christliche Mystik sieht Jesus am Kreuz wie einen Magneten, der einen unsichtbaren, aber starken Einfluss auf die Seelen ausübt. (Vgl. Sanford 2, S. 109)

Die dritte Antwort greift nochmals das Motiv des Lichtes auf: »Nur noch kurze Zeit ist das Licht bei euch. Geht euren Weg, solange ihr das Licht habt, damit euch nicht die Finsternis überrascht. Wer in der Finsternis geht, weiß nicht, wohin er gerät. Solange ihr das Licht bei euch habt, glaubt an das Licht, damit ihr Söhne des Lichts werdet.« (12,35f) Vor seinem Tod am Kreuz verweist Jesus auf das Motiv, das schon im Prolog aufklang. Jesus ist das Licht, das in diese Welt kommt. Sein Tod am Kreuz ist Mahnung, sich von diesem Licht erleuchten zu lassen und im Licht zu wandeln. Wer in der Finsternis wandelt, hat keine Orientierung. Er irrt planlos in dieser Welt herum. Jesu Tod am Kreuz ist wie eine Leuchte für alle, die im Dunkeln wandeln. Durch den Tod Jesu werden wir der Finsternis entrissen. Ziel des Sterbens Jesu ist, dass wir

Kinder des Lichtes werden. Wer an das Licht glaubt, das am Kreuz in seinem Glanz am deutlichsten aufstrahlt, der wird Sohn und Tochter des Lichtes, der hat teil an der Herrlichkeit Gottes, dessen Leben wird verwandelt. Auch diese dritte Deutung des Todes bezieht sich auf die Sehnsucht der Griechen: teilzuhaben am Wesen Gottes, im Lichte Gottes wandeln, selber zum Licht werden. Die Griechen sprechen vom Menschen, der »kalos k'agathos« ist, gut und schön, herrlich und in sich stimmig. Jesus erfüllt ihre Sehnsucht, jedoch an einem Ort, an dem sie es am wenigsten erwartet hätten: am Kreuz.

Die Fußwaschung (13,1–15)

Mit Kapitel 13 ändern sich die Situation und die Stimmung im Johannesevangelium. Jetzt ist Jesus allein mit den Seinen. Die Seinen, idioi, das sind wir. Die Abschiedsreden sind geprägt von einer Atmosphäre des Vertrautseins und der Intimität. Jetzt geht es nicht mehr um den Kampf gegen die Finsternis der Welt, sondern um die Liebe. Das ganze Tun Jesu wird als Liebe bezeichnet. Jesus ist gekommen, um uns seine Liebe zu zeigen. Im ersten Teil hat uns Johannes beschrieben, wie die Liebe kämpft, wie sie um die Welt wirbt und für sie schließlich zum Gericht wird, weil die Welt sie nicht annimmt. Jesus hat sich der Welt zugewandt. Aber sie hat ihn abgelehnt. So hat sein Wirken zur Krisis geführt, zum Gericht, zur Spaltung und zur Entscheidung. Jetzt offenbart Jesus den Seinen seine Liebe bis zur Vollendung, zunächst im Tun der Fußwaschung, dann in den Worten der Abschiedsreden und schließlich in der Passion und in der Auferstehung. Die Fußwaschung ist wie ein Portal zur Leidensgeschichte. Sie eröffnet die Geschichte der vollendeten Liebe.

Hier wird das dritte Mal gesagt: »Es war vor dem Paschafest.« (13,1) In der Passion vollendet sich das, was die Juden am Paschafest feiern. Da befreit Gott sein Volk aus der Gefangenschaft, da führt er es in das Land, das er ihm verheißen hat. Das erste Mal erwähnt Johannes das Paschafest vor der Vertreibung der Händler aus dem Tempel. In der Passion und Auferstehung reinigt Jesus das Volk und schafft in seinem Leib den neuen Tempel, in dem Gott angebetet wird. Das zweite Mal wird das Paschafest vor der Brotvermehrung genannt. Die Eucharistie ist das wahre Paschamahl, das Mahl, in dem wir der Befreiung und Erlösung durch Jesus Christus gedenken. Jetzt deutet Johannes das Geheimnis des Paschafestes mit der Bemerkung: »Jesus wusste, dass seine Stunde gekommen war, um aus dieser Welt zum Vater hinüberzugehen.« (13,1) Pascha heißt: Hinübergehen. Der wahre Hinübergang ist der Tod Jesu. Am Kreuz geht Jesus hinüber in die Herrlichkeit Gottes. Das ist ein Bild für unsere christliche Existenz. In Jesus gehen auch wir schon jetzt hinüber in den Bereich Gottes. Wir sind noch in der Welt, aber in ihr haben wir schon teil an der jenseitigen Welt, am göttlichen Lichtglanz, in den Jesus am Kreuz eingegangen ist. Glauben heißt für Johannes, dass wir jetzt schon hinübergehen in die Welt Gottes. Nur von daher können wir wahrhaft leben, als freie, schauende, liebende, aufgeweckte und aufgewachte Menschen.

Johannes fasst nun in einem Satz das ganze Wirken Jesu zusammen: »Da er die Seinen, die in der Welt waren, liebte, erwies er ihnen seine Liebe bis zur Vollendung.« (13,1) Diese Liebe bis zur Vollendung erweist Jesus den Jüngern nicht nur, indem er ihnen die Füße wäscht, sondern indem er für sie am Kreuz sein Leben hingibt. Diese Liebe war der Urgrund seines Wirkens und seiner Worte, die er zu den Menschen sprach. Diese Liebe prägt jetzt auch die Abschiedsreden. Sie sind letztlich Vermächtnis seiner Liebe. Jesus liebt uns bedingungslos und bis zur letzten Konsequenz, bis zur Konsequenz des Todes. Johannes will uns in der Fußwaschung und in der Passion die Geschichte der vollendeten Liebe Gottes erzählen. Die Stunde, auf die Johannes immer wieder hinweist, ist die Stunde der höchsten Vollendung der Liebe Jesu zu den Seinen. Das griechische Wort »telos« heißt: Ziel, Vollendung, Erfüllung. Es ist auch ein Wort der Mysteriensprache und bedeutet: »Einweihung in das Geheimnis«. In seinem Tod am Kreuz weiht uns Jesus in das Geheimnis seiner vollkommenen, seiner göttlichen Liebe ein. »Telos« kann auch für Hochzeit stehen. In seinem Tod am Kreuz vollendet Jesus die Hochzeit mit uns, die zu Beginn seines Wirkens in der Hochzeit zu Kana aufstrahlte.

Johannes gibt der Fußwaschung zwei Deutungen, eine symbolische und eine vorbildhafte. Die symbolische Bedeutung der Fußwaschung wird offenbar in den Worten: »Er legte sein Gewand ab und umgürtete sich mit einem Leinentuch.« (13,4) Das ist eine bildhafte Beschreibung der Menschwerdung Jesu. Er legt das Gewand seiner göttlichen Natur ab und erscheint mit dem Leinentuch wie ein Sklave. Die Symbolik der Fußwaschung wird auch in dem Gespräch Jesu mit Petrus sichtbar. Petrus will sich nicht die Füße waschen lassen. Er versteht es offensichtlich als Sklavendienst. Jesus antwortet ihm: »Was ich tue, verstehst du jetzt noch nicht; doch später wirst du es begreifen.« (13,7) Die Fußwaschung verweist auf ein anderes Geschehen, letztlich auf den Tod Jesu. Sie ist Bild für den letzten Dienst, den Jesus den Jüngern erweisen wird, für seinen Freundschaftstod am Kreuz. Wer diesen Dienst ablehnt, der hat keinen Anteil an der Erlösung, an Jesu Herrlichkeit: »Wenn ich dich nicht wasche, hast du keinen Anteil an mir.« (13,8) Petrus versteht wieder nicht, was Jesus sagen möchte. Er ahnt nur, dass ihm die Fußwaschung Anteil an Christus schenkt. So erbittet er von Jesus ein Vollbad. Jetzt erklärt ihm Jesus durch ein Bild, was er gemeint hat: »Wer vom Bad kommt, ist ganz rein und braucht sich nur noch die Füße zu waschen.« (13,10) Die Jünger sind durch das Wirken Jesu und durch seine Worte schon rein geworden. Bultmann versteht diese Reinheit als Freiheit von der Welt. Wer an Jesus glaubt, über den hat die Welt mit ihren Maßstäben keine Macht mehr. Er wird nicht mehr beschmutzt von weltlichen Machtspielen, Intrigen und Süchten. Die Fußwaschung ist für Jesus Zeichen für die noch ausstehende Liebestat seines Todes am Kreuz. In ihr vollendet sich seine Liebe. Zum Glauben gehört, dass der Jünger nicht nur den Worten Jesu glaubt, sondern vor allem seinem Sterben. Darin vollendet sich auch sein Glaube, dass er in diesem Tod am Kreuz den höchsten Erweis von Jesu Liebe sieht.

Wenn wir die Fußwaschung symbolisch verstehen, dann beschreibt sie das Wesen von Jesu Tod am Kreuz. Am Kreuz beugt sich Jesus am tiefsten hinab zu uns Menschen. Er beugt sich bis in den Staub des Todes. Am Kreuz berührt er unsere Füße und wäscht sie. Die Füße sind Bild für unsere Beziehung zur Welt. Mit ihnen betreten wir die Welt und machen uns schmutzig. Jesus berührt uns an der welthaften Stelle, um uns von der Macht der Welt zu befreien. Die Füße sind aber auch die verwundbarste Stelle. Die Griechen sprechen von der Achillesferse. Für die Gnostiker sind die Fersen von den Dämonen besetzt und von Trieben bestimmt, vor allem vom Sexualtrieb. Für andere Völker, etwa für die Indianer, ist der Fuß die Schnittstelle zwischen Geist und Körper. Durch die Füße gelangt der Geist in den Leib. Andere Völker bringen die Füße mit der Gabe des Heilens zusammen. (Vgl. Sanford 2, S. 115 f) Der antike Dienst des Fußwaschens war nie nur Reinigung, sondern immer auch Heilung. Da man normalerweise keine Sandalen trug, verletzte man sich beim Gehen häufig an den Füßen. Der

Sklave untersuchte die Füße nach ihren Wunden und rieb sie mit Öl ein, um sie zu heilen. Jesus berührt in seinem Tod am Kreuz unsere Wunden. Die verwundbarste Stelle ist für uns der Tod. Dass wir sterblich sind, hinfällig, vergänglich, das war für die Griechen die größte Beeinträchtigung der menschlichen Würde. Jesus heilt uns in seinem Tod am Kreuz von unserer Todeswunde. Und er reinigt uns von allem, was uns beschmutzt. Johannes deutet mit der Fußwaschung den Tod Jesu vor allem als Reinigung und Heilung. Und er deutet ihn als Vollendung der Liebe. Letztlich ist es die göttliche Liebe, die uns reinigt, die uns befreit vom Verhaftetsein an die Welt und unsere Wunden heilt.

Die vorbildhafte oder moralische Deutung der Fußwaschung kommt in den Versen 12–17 zum Ausdruck. Jesus verweist die Jünger auf sein Tun. Er ist ihr Herr und Meister. »Wenn nun ich, der Herr und Meister, euch die Füße gewaschen habe, dann müsst auch ihr einander die Füße waschen.« (13,14) Jesu Handeln ist Vorbild für uns Christen. Fußwaschung bedeutet dabei mehr, als nur einander zu dienen. Wie Jesus sollen wir uns hinabbeugen zu unseren Brüdern und Schwestern und sie dort berühren, wo sie schmutzig sind, wo sie sich selbst nicht annehmen können. Wir sollen sie durch unsere Liebe reinigen. Wer sich geliebt weiß, fühlt sich rein und lauter. Er hört auf, sich mit Schuldgefühlen zu zerfleischen. Die bedingungslose Liebe befreit ihn von seiner Selbstentwertung und Selbstverachtung. Und wir sollen einander an unseren Wunden berühren. Wer die eitrige Wunde des anderen berührt, macht sich die Hände schmutzig. Es braucht ein liebevolles und zärtliches Berühren, ein Salben mit dem Öl der Liebe, damit die Wunden heilen können. Jesus fordert seine Jünger zu einem neuen Verhalten auf. Er möchte eine Gemeinschaft von Freunden, die einander den Freundschaftsdienst der Fußwaschung erweisen. Er möchte eine Gemeinschaft von Brüdern und Schwestern, die einander bedingungslos annehmen und lieben, damit sich jeder in dieser Gemeinschaft rein und lauter fühlt, dass er sich wie nach einem Vollbad erlebt: erfrischt, gesalbt, seiner Schönheit sich bewusst, einen wohlriechenden Duft verströmend.

Die Abschiedsreden (14,1–14)

Die Abschiedsreden Jesu sind Worte des erhöhten Herrn an seine Gemeinde am Ende des ersten Jahrhunderts. Jesus, der zum Vater erhöht ist, spricht in ihnen auch uns heute an, um uns in unserem Glauben zu stärken. Den Forschern ist immer schon aufgefallen, dass die Abschiedsrede Jesu eigentlich bereits in 14,31 schließt. Da fordert Jesus die Jünger auf: »Steht auf, wir wollen weggehen von hier.« Doch das wird erst in 18,1 eingelöst. Die erste Abschiedrede 13,31–14,31 richtet sich vornehmlich an die um Jesus versammelten Jünger. Die Zielgruppe der zweiten Rede von 15,1–16,27 sind dagegen die späteren Jünger und die Leser des Evangeliums. Die Abschiedsreden schließen mit dem Gebet Jesu an den Vater, in dem er seine Anliegen und Wünsche betend zum Ausdruck bringt. Das Ziel des Wirkens Jesu ist, die Jünger zu heiligen, zu bewahren, zur Einheit zu führen und sie schließlich mit sich in Gottes Herrlichkeit zu vereinigen.

Die Abschiedsreden sind auch heute höchst aktuell. Denn Jesus behandelt darin entscheidende Themen, die unsere christliche Existenz betreffen. Da ist einmal das Thema Glaube und Unglaube, Fortgehen und Wiederkommen. Jesus spricht davon, dass er aus dieser Welt fortgeht und dass er zum Vater geht. Dieses Fortgehen ist ein wichtiges Bild auch für uns heutige Christen. Wir sind Menschen, die in dieser Welt sind, die aber im Aufbruch sind, aus dieser Welt in die andere Welt Gottes zu gehen. Wir gehen nicht erst im Tod in die göttliche Welt. Der Glaube ist vielmehr hier und heute schon Übergang aus der irdischen Existenz in die himmlische Existenz. Im Glauben haben wir in dieser Welt schon Anteil an der künftigen Welt, an der Welt Gottes. Die Szene des Abschieds Jesu von den Seinen beschreibt die für unser Leben typische Übergangssituation. Unser Leben ist ein dauernder Übergang von einer Welt zur anderen. Jesus begleitet uns auf unserem Übergang. Er ist durch den Beistand, den Heiligen Geist, bei uns gegenwärtig. Der Heilige Geist ist bei Johannes an die Person Jesu gebunden. Durch den Geist bleibt Jesus bei den Seinen. Der Geist ist die Gegenwart des erhöhten Herrn bei denen, die sich im Glauben von Jesus in die Welt Gottes einführen lassen.

Die wichtigste Botschaft der Abschiedsreden ist die Aufforderung zum Glauben. Der Glaube hilft, die Erschütterungen unseres Menschseins zu bestehen. Die Erschütterung entsteht aus dem Zusammenprall von Welt und Offenbarung, von innerem und äußerem Weg, von der inneren Ahnung Gottes und der äußeren Realität, die von Gott nichts wissen will. Der Hinübergang zum Vater ist nur im Glauben möglich. Die Verunsicherung ist durch die Abwesenheit Jesu bedingt. Glauben ist ein festes Vertrauen. Er schenkt die innere Ruhe und die Festigkeit eines Herzens, das von Gott weiß und sich in Gott gründet.

In 14,1–4 spricht Jesus von den Wohnungen im Hause seines Vaters. Mit diesen Worten antwortet er auf ein urmenschliches Bedürfnis nach Geborgenheit, nach Heimat, nach Sicherheit und Frieden. Jesus selbst bereitet uns beim Vater eine Wohnung. Dort gibt es viele Wohnungen, für jeden von uns die ihm angemessene. Es ist die ewige Wohnung beim Vater. Aber wir wohnen jetzt schon in dieser Welt dort, wo Gott ist. Jesus, der hinübergegangen ist in den göttlichen Bereich, kommt wieder zu uns, damit wir jetzt schon mit ihm hinübergehen in den Bereich des Vaters. Das gibt uns wahre Freiheit und Geborgenheit mitten in dem Unbehaustsein in dieser Welt. In unserem persönlichen Tod wird Jesus uns von den himmlischen Wohnungen aus entgegengehen, um uns abzuholen und einzuführen in die Wohnung, die er uns beim Vater bereitet hat. Dann werden wir für immer bei ihm sein. Dann wird sich bewahrheiten, dass die Liebe stärker ist als der Tod und dass wir auch im Tod nicht aus der Gemeinschaft mit Christus herausfallen werden.

Die Frage des Thomas in 14,5 verwendet wieder das Stilmittel des Missverständnisses, um uns noch tiefer aufzuzeigen, was das wahre Leben und was der Weg zu diesem Leben ist. Das Bild des Weges spricht die menschliche Sehnsucht nach Orientierung im Durcheinander dieser Welt an, nach Sinn in der Sinnlosigkeit. Es geht um den richtigen Weg bei den vielen Wegen, die damals wie heute angeboten werden. Die Frage nach dem Weg ist die Frage nach dem Sinn und dem Ziel unserer Existenz. Jesus antwortet mit der Formel »Ich bin« (»ego eimi«). Die »Ich bin«-Worte sind typisch für das Johannesevangelium. Sie erinnern an die Offenbarung Gottes am brennenden Dornbusch. Diese »Ich bin«-Worte haben im Gottesdienst eine wichtige Bedeutung. Sie zeigen die Gegenwart des Erhöhten für die Gemeinde an. Jesus verbindet das »Ich bin« acht Mal mit einem Bildwort: »Ich bin der gute Hirt, ich bin das Brot, das vom Himmel herabkommt.« In diesen Bildern zeigt uns Jesus, was er heute für uns bedeutet. Es sind archetypische Bilder, die unsere Sehnsucht nach gelingendem Menschsein ausdrücken. Jesus benützt hier Worte, wie sie in vielen Religionen als Ausdruck menschlicher Sehnsucht nach dem wahren und eigentlichen Leben vorkommen. Wenn Jesus die mythischen Bilder aller Religionen auf sich bezieht, dann will Johannes den Lesern seines Evangeliums sagen: »Ihr braucht weder in der

Gnosis, noch in der griechischen Philosophie, noch in den Mysterienkulten zu suchen. Jesus ist die Erfüllung all eurer Sehnsucht.«

Jesus ist der Weg. Neben ihm braucht man keinen anderen Weg, keinen Weg des Gesetzes oder spiritueller Methoden oder wachsender Erkenntnis. Jesus ist der mystische Weg, der uns zum Licht und zum Verstehen führt, zur Weisheit, zum wachsenden Bewusstsein und zu unserer ureigensten Bestimmung. Jesus ist der Weg und zugleich das Ziel. In ihm erfahren wir Gott als das Leben und als die Wahrheit. In ihm wird uns Gott offenbar. Da schauen wir den Vater. Auf Jesus schauen und sein Wort hören, das hält uns in Bewegung auf Gott hin. Glaube ist kein fester Besitz, sondern Weg, Bewegung, eine innere Dynamik auf Gott hin, die uns lebendig hält. Jesus ist das Leben. In ihm wird die Möglichkeit wirklichen Lebens sichtbar, eines Lebens, das Himmel und Erde, Gott und Mensch, Zeit und Ewigkeit miteinander verbindet. Jesus ist göttliches Leben, göttliche Wirklichkeit. In ihm haben wir teil an Gottes Lebendigkeit und Gottes Fülle. Und Jesus ist die Wahrheit. Er verkündet uns keine wahren Sätze, die wir getrost nach Hause tragen könnten. Er ist nicht die Wahrheit als Lehre, sondern als »offenbare Wirklichkeit Gottes« (Bultmann, S. 468). In Jesus ist der Schleier weggezogen, der uns Gott verhüllt. In ihm wird Gottes Licht sichtbar. Wer den Weg Jesu geht, der hat nicht die Wahrheit, sondern er lebt aus der Wahrheit, er lebt wahrhaftig. Er lebt in Kontakt mit der Wirklichkeit. Er ist aufgewacht zur Wirklichkeit. Er sieht die Welt so, wie sie ist. Er sieht im Antlitz Jesu Gottes Herrlichkeit aufleuchten. Für das Alte Testament heißt Wahrheit zugleich Treue und Verlässlichkeit. In Jesus haben wir einen sicheren Halt. Da stehen wir in der Wirklichkeit Gottes. Da verlassen wir den unsicheren Boden unserer eigenen Meinungen, unserer Vorstellungen von Wirklichkeit. Da sind wir in Berührung mit der Wahrheit Gottes. Und so kommen wir in Jesus auch in Berührung mit der eigenen Wahrheit, mit unserem wahren Selbst. Wahrheit befreit. Sie führt in die Freiheit.

Jesus nimmt für sich in Anspruch, dass niemand zum Vater kommt außer durch ihn. Das haben viele Christen oft so verstanden, dass nur die Menschen, die sich bewusst zu Jesus bekennen, in den Himmel kommen. Doch so einfach ist das Wort nicht zu deuten. Vielmehr möchte Jesus damit sagen, dass in ihm das Wesen des Vaters aufleuchtet. Er ist die wahre und vollkommene Offenbarung Gottes. Aber das heißt nicht, dass alle anderen Heilswege nicht zu Gott führen. Sie sind vielmehr Vorahnungen dessen, was in Jesus von Gott aufgeleuchtet ist. Jesus möchte uns Christen kein Argument dafür liefern, dass wir uns über die anderen stellen, sondern er möchte uns einladen, ihn mit den Augen des Glaubens anzuschauen, damit uns in seinem Antlitz Gottes Herrlichkeit aufleuchtet. Und er fordert uns heraus, dass wir Jesus den Andersgläubigen so verkünden, dass sie ihren Weg zum Leben und zur Wahrheit in ihm wiederfinden, dass sie in Jesus ihre eigenen Sehnsüchte erfüllt sehen.

Trostworte an die Jünger (14,15–23)

Johannes spricht in seinem Evangelium nicht nur von der Liebe Jesu zu uns, sondern auch von unserer Liebe zu Jesus. Christsein heißt also, Jesus zu lieben, eine persönliche Beziehung zu Jesus aufzubauen. Dieses Thema ist typisch johanneisch. Die Synoptiker und Paulus kennen es nicht. Die Verse 14,15–23 antworten uns auf die Frage, wie unsere Beziehung zu Jesus konkret aussehen kann. Jesus lieben, das heißt seine Gebote oder seine Worte halten. Das griechische Wort »terein« bedeutet: bewahren, achten auf, beobachten, halten. Es hat auch den Sinn von meditieren, sorgfältig beobachten. Johannes lädt uns ein, über Jesus zu meditieren, uns in seinen Geist hinein zu spüren und dadurch zur Liebe fähig zu werden. Wer Jesus liebt, der lebt bewusster, der folgt dem Licht. Das wird sich auch in seiner Lebensweise auswirken. Das neue Verhalten drückt sich im neuen Gebot aus, das Johannes nicht müde wird zu wiederholen: »Liebt einander!«

Jesu Gebot der Liebe ist nicht einfach eine moralische Forderung, die wir mit dem Willen erfüllen können. Es schickt uns vielmehr auf einen langen Entwicklungsweg, auf dem wir unseren tief verwurzelten Egozentrismus durchschauen und entmachten und dadurch in Berührung kommen mit unserer wahren Mitte, aus der heraus die Liebe strömt. Das Ziel unseres Reifungsweges ist die Liebe. Jesus befähigt uns durch seine Worte und durch sein Beispiel zu dieser Liebe, die nicht nur uns, sondern auch die menschliche Gesellschaft mehr und mehr verwandelt.

Die Beziehung zu Jesus ist die Quelle unserer Liebe zueinander. Damit wir in der persönlichen Beziehung zu Jesus bleiben können, sendet uns Jesus seinen Geist, den Paraklet. Nur bei Johannes wird der Heilige Geist mit »parakletos« bezeichnet. Parakletos ist der Fürsprecher, der Beistand bei Gericht, der Helfer und Mittler, der Anwalt und Berater. Es ist der Geist der Wahrheit, der uns die Augen öffnet für den gegenwärtigen Herrn und für Gott, den Vater, der uns in Jesus aufleuchtet. Der Geist hebt den Schleier auf, der über aller Wirklichkeit liegt, und lässt uns die Dinge so sehen, wie sie wirklich sind. Er unterstützt uns auf unserem Weg des Aufwachens und des wachsenden Bewusstwerdens. Durch den Beistand des Heiligen Geistes bleibt Jesus bei uns. Der Geist vergegenwärtigt uns Jesus. In ihm ist Jesus bei uns und in uns. Das größte Geheimnis des Heiligen Geistes ist, dass Jesus in uns wohnt. Unsere Liebe zu Jesus wird erst durch den Beistand möglich. Denn im Heiligen Geist ist Jesu Liebe in uns und in seiner Liebe der Vater, die Quelle aller Liebe: »Wenn jemand mich liebt, wird er an meinem Wort festhalten; mein Vater wird ihn lieben, und wir werden zu ihm kommen und bei ihm wohnen.« (14,23) In diesen Worten vollendet sich die persönliche Beziehung zu Jesus und durch und in ihm zu Gott. Johannes will hier keine Wesensaussage über den dreifaltigen Gott machen, sondern einfach die Wirklichkeit Jesu meditieren. Der Gipfel der Meditation ist die Erfahrung, dass Jesus, der jetzt beim Vater in der Herrlichkeit wohnt, zugleich im Heiligen Geist auch in uns wohnt. Er hat Wohnung bei uns genommen, eine Wohnung, die auch durch den Tod nicht mehr zerstört werden kann.

Der Geist ist die bleibende Gegenwart Jesu unter uns und in uns. Jesus lässt uns nicht als Waisen zurück. Er bleibt auf neue Weise in uns und bei uns. Er ist uns sogar näher als während seines Lebens auf Erden. Denn jetzt wohnt er in unseren Herzen. Wenn Jesus die Jünger nicht verlassen hätte, wären sie in Gefahr gewesen, ihr Selbst auf ihn zu projizieren. Dann wären sie nicht weiter gegangen auf ihrem Entwicklungsweg. Da Jesus sie verlässt, müssen sie ihr wahres Selbst im eigenen Innern finden. Der Heilige Geist führt die Jünger zu dem Christus, »der in der Seele wohnt und von dem sie niemals getrennt werden können.« (Sanford 2, S. 157) Das Verlassen Jesu befähigt uns zu einer tieferen Gemeinschaft mit ihm. Jetzt können wir nicht mehr von ihm getrennt werden. Er ist mit uns zusammengewachsen. Er ist uns innerlicher, als wir uns selbst sind. Der Geist drückt die neue, innige Gemeinschaft mit Jesus aus. Jesus verlässt uns nicht, wie etwa Sokrates seine Jünger verlassen und sie als Waisen zurückgelassen hat. Jesus lebt. Er ist auferstanden, und er gibt uns Anteil an diesem göttlichen Leben, das die Welt nicht versteht und nicht sieht. Ostern heißt, dass Jesus durch den Geist als Leben erweckende Macht unter und in uns ist. Der Auferstandene ist im Geist schon unter uns und wird uns nie mehr verlassen. Der Geist ist die göttliche Zukunft, die kein Ende haben wird. Die Gottesgemeinschaft, in die wir durch den Geist hineingeführt wurden, wird durch den Tod nicht zerbrochen, sondern in ihrer ganzen Fülle offenbar. Für Johannes besteht der Kern des Christentums im staunenswerten Wunder der Ankunft Gottes bei den Menschen. Gott ist durch Jesus in den Menschen eingegangen und ist und bleibt für alle Zukunft in ihm anwesend. Das zu meditieren, wird Johannes nicht müde. Die Abschiedsreden umkreisen dieses Thema von allen Seiten, damit der Leser immer mehr zu glauben vermag: Gott ist in ihm, und er ist in Gott. Jesus ist das Wunder der Gegenwart Gottes im Menschen. Der Beistand vermittelt uns diese bleibende Gegenwart. Er öffnet den Raum unseres Herzens, damit der Vater und der Sohn darin Wohnung nehmen können. Wenn Gott in uns wohnt, dann vermögen auch wir, in uns selbst zu wohnen, bei unserem wahren Selbst anzukommen und in uns selbst daheim zu sein.

Die Bildrede vom Weinstock (15,1–17)

Wie das Wohnen Gottes im Menschen unseren Leib und unsere Seele verwandelt, davon spricht Jesus in der Bildrede vom Weinstock. »Das Bild vom Weinstock ist reine Mystik.« (Sanford 2, S. 142) Es zeigt uns, wie unsere Seele verwandelt und befruchtet wird durch die Vereinigung mit Gott. Das Bild des Weinstocks ist in vielen Kulturen weit verbreitet. Im Alten Testament ist es ein Bild für das Volk Israel. Jesus nennt sich den wahren Weinstock. Er ist das wahre Israel. In ihm verwirklicht sich, was dem Volk

Israel verheißen war: dass Gott in seiner Mitte wohnt und dass das Volk Gottes Gebot erfüllt und auf diese Weise Frucht bringt. Der Weinstock ist aber auch ein Bild, das die Griechen lieben. Dionysos ist der Gott des Weines und der Ekstase. Wein ist das Blut des Dionysos. Ohne Ekstase verkümmert der Mensch. Da bleibt er in seiner »Ego-Schachtel« stecken. Sanford sieht es als eine Hauptaufgabe der Religion, »Menschen dabei zu helfen, die wahre Ekstase zu finden, das heißt, Wege anzubieten, auf denen jemand für den Moment die gewöhnlichen Grenzen und Strukturen verlassen konnte, durch die wir meist eingeschlossen sind.« (Sanford 2, S. 149) Johannes zeigt uns den christlichen Weg der Ekstase, der uns über uns hinausführt. Durch die Vereinigung mit Christus sprengen wir die engen Grenzen des Ich und kommen in Berührung mit »der unbegrenzten Kreativität der inneren Mitte«. Christus als der wahre Dionysos befreit uns von einer engen Gesetzesreligion und führt uns zur »Ethik der Kreativität« (Berdjajew). Schon Origines hat zu Beginn des dritten Jahrhunderts das Bild des Weinstocks so gedeutet. Für ihn ist das Wort Jesu wie der Wein, der »uns ein Gefühl der Inspiration verleiht und uns mit einem Rausch erfüllt, der nicht unvernünftig ist, sondern göttlich«. Für Origines sind es nicht moralische Übungen, sondern mystische Spekulationen, »die das Herz erfreuen und in denen, die sie in sich aufnehmen, ein Gefühl der Inspiration und der Freude im Herrn bewirken«. (Origines, 33) Das Bild des Weinstocks drückt die freudige Seite unseres spirituellen Weges aus. Das Ziel unseres Weges ist die Ekstase der Freude in der Vereinigung mit Gott.

Wenn Jesus sich den wahren (»he alethine«) Weinstock nennt, dann heißt das für mich auch: Wenn ich den Weinstock, den Baum, die Tür, das Brot anschaue, wenn ich allem Irdischen auf den Grund gehe, dann erkenne ich darin letztlich das Geheimnis Jesu, das Geheimnis Gottes und des Menschen. Alles wird zum Sinnbild für Gott, der in Jesus Mensch geworden ist. Bultmann sieht im Weinstock auch ein Bild für den Lebensbaum, von dem viele Mythen träumen. Jesus sagt nun: All das, was ihr erträumt, das bin ich in Wirklichkeit. In mir werden eure Träume wahr. Alles, was in der Welt euren Hunger, euren Durst, eure Sehnsucht nach Lebendigkeit zu erfüllen scheint, ist in Wirklichkeit Schein. Nur in mir wird eure Sehnsucht wirklich erfüllt. Ich bin der Ursprung wahren Lebens. Wenn ihr in mir bleibt, dann bringt ihr wirklich Frucht, dann wird euer Leben sinnvoll und fruchtbar.

Es geht um drei Themen: um das Bleiben im Weinstock, um das Fruchtbringen und um das Reinigen der Reben. Jesus sagt hier das denkwürdige Wort: »Ihr seid schon rein durch das Wort, das ich zu euch gesagt habe.« (15,3) Jesus hat offensichtlich so zu den Jüngern gesprochen, dass sie sich ganz und gar angenommen, rein, lauter, im Einklang mit sich und Gott fühlten. Das Wort Jesu hat alles Unreine aus ihnen herausgeworfen. Es hat sie in Berührung gebracht mit dem lauteren Kern ihrer Seele. Gott selbst hat sie durch Jesu Wort gereinigt. In diesem Wort wird die Ausstrahlung Jesu sichtbar. Jesus strahlte offensichtlich etwas aus, das den Menschen vermittelte: »Es ist gut, so wie du bist. Du bist rein. Du bist von Gott als gut erschaffen. Das Gute und Reine ist stärker als alle Sünde. Wenn du dich meiner Liebe öffnest, dann ist alles in dir rein, dann wird alles Unlautere geläutert und verwandelt.«

Die wichtigste Aufgabe des Jüngers ist, dass er in Jesus bleibt. Das Bleiben ist die Voraussetzung für das Fruchtbringen. Nur wenn die Rebe am Weinstock bleibt, kann sie Frucht bringen. In Jesus bleiben, bedeutet vom Bildwort her, dass wir von Jesu Geist und Liebe durchdrungen werden. So wie die Rebe ihren Saft aus dem Weinstock zieht, so durchströmt uns die Liebe Jesu, die in seinem Tod am Kreuz offenbar geworden ist. Es ist ein gegenseitiges Bleiben. Wir sollen in Jesus bleiben. Dann bleibt er in uns, dann durchdringt er uns mit seiner Liebe. Und diese Liebe lässt uns Frucht bringen. Die wahre Frucht besteht nicht in großen Leistungen nach außen, sondern in der Liebe, die nun von uns ausstrahlt. Alles, was wir tun, ist nur dann fruchtbar, wenn es von der Liebe geprägt ist. Die Worte, die wir sagen, bringen Frucht, wenn es Worte der Liebe sind. Die Bücher, die wir schreiben, helfen nur dann, wenn sie von Liebe durchdrungen sind. Die beruflichen Leistungen zählen nur dann, wenn sie aus Liebe geschehen. Sicher gibt es Menschen, die Geniales vollbringen. Doch wenn die Liebe fehlt, bleibt es unfruchtbar. Es zerfällt. Die Liebe ist jedoch keine moralische Forderung, die wir erfüllen müssen. Vielmehr strömt die fruchtbringende Liebe aus uns heraus, wenn wir mit unserer Mitte in Berührung sind, wenn Christus unsere Mitte, unser Selbst, geworden ist. Das Ego ist aus sich heraus unfruchtbar. Die Quelle unserer Vitalität und Kreativität liegt in unserer Mitte, in der wir eins sind mit Christus.

Das Thema der Liebe folgt unmittelbar auf die Bildrede vom Weinstock. Nun sagt es Jesus offen, worin das Bleiben in ihm besteht: »Bleibt in meiner Liebe!« (15,9) Die Liebe ist offensichtlich wie ein Raum, in den man eintritt und in dem man wohnen kann. Und die Liebe ist wie eine Quelle, an die man angeschlossen ist, ähnlich wie die Rebe am Weinstock hängt und von ihm ihre Kraft erhält. Der Grund unserer Liebe ist Jesu Liebe, mit der er uns bis zur Vollendung geliebt hat. Diese Liebe ist Grund der Freude. Die Kirchenväter interpretieren das Wort Jesu von der vollkommenen Freude, die er uns schenkt, als die Verheißung einer unzerstörbaren Freude, einer Freude, die uns niemand nehmen kann. Die Sehnsucht des Menschen zielt auf diese Freude, die nicht mehr abhängig ist von Erfolg und Zuwendung, sondern die aus einer inneren Erfahrung kommt. Es ist die Freude als Antwort auf die bedingungslose Liebe Jesu. Jesus bringt uns in Berührung mit der Freude, die eine innere Qualität unserer Seele ist. In ihr wird unsere Seele weit. Freude ist Ausdruck der Lebendigkeit, die in uns ist und mit der uns Jesus in Berührung bringt durch seine Liebe.

Jesus deutet seine Liebe als Liebe unter Freunden. Es ist keine Liebe, die von oben nach unten geht, sondern eine Liebe, die den anderen als gleichwertig sieht, Liebe unter Freunden. Und der Höhepunkt dieser Freundesliebe ist Jesu Sterben für uns als seine Freunde. »Es gibt keine größere Liebe, als wenn einer sein Leben für seine Freunde hingibt.« (15,13) Freundesliebe ist für Juden und Griechen gleicherweise höchstes Gut und Erfüllung ihrer tiefsten Sehnsucht. Jesus nennt seine Jünger Freunde. Sie sind nicht mehr Knechte, die nicht wissen, was der Herr tut, die keinen Zugang haben zum Herzen ihres Herrn. Der Knecht versteht seinen Herrn nicht, er steht im Dunkeln »und deshalb in ständiger Angst« (Bultmann, S. 418). Die Jünger sind Freunde, die von Jesus bedingungslos geliebt sind. Mit diesem Bild der Freundschaft beschreibt Johannes das Geheimnis der neuen Beziehung Gottes zu uns Menschen, wie sie durch Jesus Wirklichkeit geworden ist. Wir sind Gottes Freunde. Wir sind Jesu Freunde. Die Freundschaftsliebe ist reines Geschenk. Sie bewirkt in uns kein schlechtes Gewissen, dass wir sie erwidern müssen. Sie ist einfach da. Wenn wir zu Freunden geworden sind, dann strömt in uns die Liebe von selbst. Im Bild des Freundes zeigt uns Jesus, welche Würde wir haben. Wir sind auf der gleichen Ebene wie er. Wir sind seine Vertrauten geworden. Er hat uns sein Herz ausgeschüttet. Er hat uns alles geoffenbart, was er von seinem Vater gehört hat. Wir sind eingeweiht in alle Geheimnisse dieses göttlichen Freundes. Der Tod Jesu soll uns kein schlechtes Gewissen machen, als ob wir schuld seien am Tod Jesu wegen unserer Sünden. Im Tod kommt uns vielmehr Jesus als unser Freund besonders nahe. Da wird unsere Freundschaft für immer besiegelt. Da dürfen wir erfahren, wie wichtig wir Jesus sind, dass er sein Leben für uns hingibt.

Das Hohepriesterliche Gebet (17,1–5.20–26)

Wie Mose seine fiktive Abschiedsrede im Buch Deuteronomium mit einem Segensgebet beschließt, so fasst Jesus beim Abschied von seinen Jüngern sein ganzes Wirken in einem Gebet zusammen. Seit David Chytreus (1531–1600) nennt man dieses Gebet das Hohepriesterliche Gebet. In diesem Gebet erweist sich Jesus als Fürsprecher für die Seinen. Das Gebet ist das Gegenstück zum Prolog. Jesus zeigt betend noch einmal auf, worum es ihm in seinem Wirken geht. Nämlich darum, die Herrlichkeit Gottes in dieser Welt aufleuchten zu lassen in seiner Liebe, die sich im Tod am Kreuz vollendet. Und es geht ihm darum, dass wir jetzt schon ewiges Leben erhalten. Das Leben, das Jesus uns schenken möchte, wird in diesem persönlichen Gebet Jesu als intime Beziehung zum Vater und zum Sohn offenbar. Wir sind hineingenommen in die Liebe zwischen Vater und Sohn. Darin gipfelt die Botschaft Jesu.

Jesus freut sich offensichtlich, dass jetzt seine Stunde gekommen ist, auf die das ganze Johannesevangelium ausgerichtet ist. Es ist die Stunde, da er im Tod am Kreuz von Gott verherrlicht wird und Gottes Lichtglanz in seiner ganzen Fülle aufleuchten lässt. Er hat den Auftrag der Liebe durchgehalten. Er hat sich nicht selbst in den Mittelpunkt gestellt, sondern den Vater geoffenbart. Das ewige Leben, das Jesus uns schenkt, beschreibt er in dem Satz: »Das ist das ewige Leben: dich, den einzigen wahren

Gott, zu erkennen und Jesus Christus, den du gesandt hast.« (17,3) Das griechische Wort für erkennen (ginosko) wird auch für das Einswerden von Mann und Frau in der sexuellen Liebe gebraucht. Es steht für das mystische Wissen, in dem unser kleines Bewusstsein mit dem Bewusstsein Gottes eins wird. »Gott zu erkennen heißt also, ein gänzlich neues Bewusstsein zu erlangen.« (Sanford 2, S. 167) Dieses neue Bewusstsein nennt Jesus das ewige Leben. Es besteht in der Erkenntnis des wahren Gottes. Für C. G. Jung ist Gott der stärkste Archetyp. Wenn dieser Archetyp krank ist, wird der ganze Mensch krank. Daher ist es so entscheidend, den wahren Gott zu erkennen, frei zu werden von den Projektionen, die wir uns von Gott machen. Den Vater zu offenbaren, ist daher ein heilsames Werk Jesu, ein Werk, das unsere Seele gesund macht und das uns wirkliches Leben schenkt. Und es wird offenbar, dass Gott nur dort ist, wo das Leben ist. Nur wo wir Lebendigkeit erfahren, begegnen wir dem Gott Jesu. Wo wir nur Enge und Angst erleben, bleiben wir bei den Projektionen stehen, die wir uns von Gott gemacht haben.

Jesu Werk bestand darin, in seinem Leben Gott zu verherrlichen. Jetzt sehnt er sich danach, dass Gott ihn verherrlichen möge, dass er ihn wieder aufnehme in die Herrlichkeit, die er bei Gott hatte, »bevor die Welt war« (17,5). In diesem Wort wird das ganze Wirken Jesu zusammengefasst. Und es wird darin die Sehnsucht Jesu sichtbar, aus dieser Welt, in der er immer wieder Widerstand und Unverständnis der Menschen erfahren hat, zum Vater zu gehen. Sein Tod ist für ihn nichts Schreckliches, sondern ein Hinübergehen zum Vater. In ihm vollzieht sich das wahre Pascha, der Übergang aus dem Land der Entfremdung und Gefangenschaft in das Land der Verheißung, in das Land der Liebe und des göttlichen Glanzes. Als Christen sollen wir teilhaben an dieser Sehnsucht Jesu, aus dieser Welt zum Vater zu gehen. Im Glauben haben wir diesen Übergang schon vollzogen. Und immer, wenn wir beten, kommen wir in Berührung mit unserer Sehnsucht nach der wahren Heimat, wo wir für immer zu Hause sind, wo uns die Augen aufgehen und wir Gott schauen werden, wie er ist.

Am Schluss des Hohepriesterlichen Gebetes betet Jesus nicht nur für seine Jüngergemeinde, sondern für die kirchliche Gemeinschaft zu allen Zeiten. Dabei ist ihm die Einheit der Gemeinde ein wichtiges Anliegen. Es war schon in der frühen Kirche nicht selbstverständlich, dass die Jünger Jesu eine Einheit bildeten. Schon von Anfang an gab es Streitigkeiten und Konflikte. Und immer wieder gab es Spaltungen. Die Einheit der Gemeinde ist Jesus so wichtig, weil in ihr Gottes Herrlichkeit aufleuchtet. Im neuen Miteinander wird Gottes Liebe in dieser Welt sichtbar. Jesus will mit seinem Tod am Kreuz alle Christen inständig bitten, doch die eigenen Machtinteressen aufzugeben und in der Liebe Jesu eins zu werden, damit Gott auch durch sie verherrlicht werde.

Johannes hat mit der Bitte um die Einheit aber nicht nur die Kirche im Blick, sondern auch den Einzelnen. Die Griechen kannten eine eigene Philosophie der Einheit. Das »to hen« war die Ursehnsucht der Griechen, die sich als Menschen zerrissen erfuhren, zerrissen zwischen den verschiedenen Emotionen, zwischen Geist und Trieb, zwischen Einsamkeit und Gemeinschaft, zwischen Himmel und Erde. Das Kreuz als Ursymbol für die Einheit aller Gegensätze will den Menschen in ihrer Zerrissenheit als Hoffnungszeichen aufleuchten, dass Jesu Liebe all das in ihnen zusammenbringt, was sich so unerbittlich bekämpft. Jesus ist als der fleischgewordene Gott Bild dieser Einheit. In ihm ist die Einheit zwischen Himmel und Erde, zwischen Gott und Mensch, zwischen Licht und Dunkel, zwischen Geist und Materie verwirklicht. Jesus zeigt uns einen Weg, wie auch wir eins werden können.

Wir sollen so eins werden, wie der Vater und der Sohn eins sind. Jesus hat durch seinen Hinabstieg auf die Erde alles Zerstreute in die Einheit mit Gott hineingehoben. So sollen wir wie Jesus in Liebe hinabsteigen in alle Abgründe unserer Seele, um alles Dunkle, Chaotische, Kranke und Unheile hineinzuheben in Gott. Wenn alles in uns von Gottes Licht und Liebe durchdrungen wird, dann leuchtet überall in uns die Herrlichkeit Gottes auf, dann wird alles in uns eins mit Gott. Menschwerdung heißt für Johannes, dass wir wie Jesus hinabsteigen in den Staub dieser Erde und alles Schmutzige und Staubige in die Einheit mit Gott hineinnehmen. Dann gibt es nichts mehr, das nicht von Gottes Herrlichkeit künden würde, dann wird Gott in allem verherrlicht. Clemens von Alexandrien meint, der Mensch würde zu einer Einheit, »wenn er zu einem rein leidenschaftslosen Zustand vergottet ist«. (Clemens, 23) Die Einheit ist das Ziel unseres Weges der Selbstwerdung. Wir können dieses Ziel nicht aus eigener Kraft erreichen, sondern nur, wenn Gott alles in uns zur Einheit führt.

Wer mit sich eins geworden ist, der wird auch fähig, mit anderen Menschen eins zu werden. Umgekehrt gilt: Wir finden zu unserer eigenen Einzigartigkeit nur, wenn wir unsere innere Einheit mit anderen, mit Gott und mit dem ganzen Kosmos entdecken. Die Einheit ist nicht einfach da. Wir müssen uns immer wieder darum bemühen. Die Einheit der Kirche entsteht für Jesus nicht in erster Linie dadurch, dass sie die reine Lehre verkündet und nur eine Meinung gelten lässt. Sie entsteht vielmehr dadurch, dass die Kirche sich immer wieder auf das Wort Jesu einlässt und sich von Jesus die Augen öffnen lässt für die eigentliche Wirklichkeit, für die Herrlichkeit Gottes, die im Fleisch dieser Welt aufleuchtet. Im Wort Jesu erfährt die Kirche, dass sie zwar in der Welt ist und auch teilhat an all den Konflikten, die diese Welt prägen, an den Machtkämpfen, Rivalitäten, Eifersüchteleien und Intrigen, dass sie aber zugleich schon eingetaucht ist in die Welt Gottes. In der Welt ist sie dennoch nicht von dieser Welt. Sie atmet die Freiheit Gottes. Und diese Freiheit will immer wieder errungen werden, indem sich der einzelne Christ von der Welt des Hasses und der Entfremdung distanziert und eintaucht in den göttlichen Bereich der Liebe, des Friedens und des Lichtes.

In 17,23 bittet Jesus, dass wir in der Einheit vollendet seien. Hier erscheint wieder das Wort »telos«, das bei der Fußwaschung und später bei der Kreuzigung eine wichtige Rolle spielt. In der Einheit der Christen erfüllt sich die Liebe, mit der Jesus uns in der Fußwaschung und in seinem Tod am Kreuz bis zur Vollendung geliebt hat. Der Tod Jesu ist für Johannes nicht etwas Vergangenes, sondern ein Bild, das sich die Christen immer wieder vergegenwärtigen sollen, um an Jesu Liebe bis zur Vollendung teilzuhaben. Die Liebe Jesu kommt erst zur Vollendung, wenn sie die Christen verwandelt und zur Einheit befähigt hat. Hier wird deutlich, wie Johannes die Erlösung versteht, nicht als Sühne und Opfer, sondern als vollendete Liebe, in die sich die Christen immer wieder meditierend versenken sollen, damit sie durch sie Einheit, Frieden und Herrlichkeit erfahren. Das Johannesevangelium als Meditation der Worte und des Wirkens Jesu ist schon eine Weise, die Erlösung erfahrbar werden zu lassen. Das Johannesevangelium verzichtet auf moralische Appelle. Es vertraut der Kraft der Worte Jesu. Wenn wir die Worte Jesu meditieren, dann sind wir schon aus dieser Welt hinübergegangen in die Welt Gottes. Das Wort Jesu schafft eine neue Wirklichkeit. Wenn wir es meditieren, erfahren wir uns als neu, als verwandelt, als eingetaucht in Gottes Liebe. Das Wort Jesu enthebt uns jetzt schon der Welt des Todes. Der Tod hat keine Macht mehr über uns. Das wird deutlich in der Bitte Jesu: »Vater, ich will, dass alle, die du mir gegeben hast, dort bei mir sind, wo ich bin. Sie sollen meine Herrlichkeit sehen, die du mir gegeben hast, weil du mich schon geliebt hast vor der Erschaffung der Welt.« (17,24) Wenn wir Jesu Worte betrachten, haben wir hier schon Anteil an Gottes Herrlichkeit. Doch in unserem Tod wird dann offenbar, was bereits Wirklichkeit ist. Der Tod ist wesenlos geworden. Er kann uns nicht zerstören. Er wird nur aufdecken, was jetzt ist, dass wir jetzt schon eingetaucht sind in die vollendete Liebe Gottes. Darin gipfelt die befreiende und erlösende Botschaft des Johannesevangeliums. Der Tod ist entmachtet. Er ist der endgültige Übergang in die Herrlichkeit Gottes. Zugleich ist der Tod Jesu, in dem er uns bis zur Vollendung geliebt hat, auch für uns Christen Herausforderung, dass wir unseren Tod als Hingabe aus Liebe verstehen, dass wir nicht festhalten an uns, sondern uns wie Jesus hingeben für unsere Freunde.

Die Passionsgeschichte (Joh 18–19)

Am Karfreitag wird jedes Jahr die Passionsgeschichte nach Johannes verkündet. Offensichtlich passt die johanneische Theologie der Passion in die Liturgie des Karfreitags, in der das Kreuz als Zeichen des Sieges und der Erlösung gefeiert wird. In der Passionsgeschichte kommt die symbolische Art der johanneischen Berichterstattung zu ihrem Höhepunkt. Auf der einen Seite wird deutlich, dass Johannes der geschichtlichen Wahrheit am nächsten kommt, sei es in der Chronologie, sei es in der Angabe der konkreten Orte. Auf der anderen Seite hat alles, was Johannes berichtet, zugleich eine tiefere Bedeutung. Das Sichtbare ist Symbol für das Unsichtbare, für das Geheimnis der Liebe Gottes, die in der Passion zur Vollendung kommt.

Die Symbolik beginnt bereits bei der Gefangennahme Jesu. Das Verhaftungskommando, das Jesus gefangen nehmen will, stürzt vor Jesus zu Boden und betet in ihm den wahren König an. Mit Fackeln und Laternen kommen die Soldaten der Römer und die Gerichtsdiener der Juden, um dem König zu huldigen. Jesus offenbart sich ihnen mit dem Wort: »ego eimi« = Ich bin es (18,6). Jesus meint mit diesem »ego eimi« mehr als: »Ich bin der Mann, den ihr sucht.« Hier klingt vielmehr die Gottesoffenbarung am brennenden Dornbusch an: »Ich bin, der ich bin.« Es ist das absolute »Ich bin«, das den Soldaten Angst und Ehrfurcht einflößt. Es sind Römer und Juden, vor denen sich Jesus am Ende seines Lebens offenbart. Es ist historisch unwahrscheinlich, dass Juden und Römer ein gemeinsames Verhaftungskommando bildeten. Doch Johannes denkt hier weiter: Der Tod Jesu geschieht für die ganze Welt, für Juden und Römer. Alle Welt betet Jesus an. Jesus lässt sich von den Soldaten binden, damit die Jünger frei werden. Auch das ist Bild für das Geheimnis seines Todes: Durch ihn werden wir frei von aller inneren und äußeren Gefangenschaft.

Johannes hat die Passionsgeschichte kunstvoll gestaltet. Nach der großartigen Ouvertüre der Gefangennahme kommt der erste Akt: das Verhör vor Hannas, dem »Schwiegervater des Kajaphas, der in jenem Jahr Hoherpriester war« (18,13). Hannas hat auch nach seiner Absetzung im Jahr 15 den Hohenrat beherrscht. Johannes ist hier also historisch sehr genau. Doch zugleich zeigt er uns seine theologische Absicht. Es sind vier Szenen, die Johannes hier miteinander verbindet: Jesus wird zu Hannas gebracht; Petrus und ein anderer Jünger wärmen sich im Hof des hohepriesterlichen Palastes; das Verhör vor Hannas und die Verleugnung durch Petrus. Zwei theologische Gedanken sind in diesem Abschnitt wichtig: der Verweis auf Kajaphas, »der den Juden den Rat gegeben hatte: Es ist besser, dass ein einziger Mensch für das Volk stirbt.« (18,14) Hier wird der Tod Jesu gedeutet als Sterben für das Volk, als Hingabe für uns, damit wir das Leben haben und damit wir es in Fülle haben. Der andere Gedanke wird deutlich im Wort Jesu: »Ich habe offen vor aller Welt gesprochen. Ich habe immer in der Synagoge und im Tempel gelehrt, wo alle Juden zusammenkommen. Nichts habe ich im Geheimen gesprochen.« (18,20) Jesus legt nochmals Zeugnis ab vor den Juden. Doch ein großer Teil der Juden hat ihn nicht gehört. Die Juden stehen hier für die Welt, die sich Jesus gegenüber verschließt, damals genauso wie heute. Die Johannesgemeinde bestand zum großen Teil aus Judenchristen. Wenn die Juden in der Passion Jesu so schlecht wegkommen, so müssen wir die Aussagen des Evangeliums immer bildhaft auslegen, als Bild für Menschen, die in sich verschlossen sind und sich daher gegen die Verunsicherung durch Jesus verschließen, und außerdem die anfangs beschriebene historische Situation vor Augen haben. Die gegnerischen Juden sollen eine Mahnung an den Leser sein, sich nicht ihnen, sondern dem Lieblingsjünger anzuschließen, der bei Jesus bleibt und für seine Liebe Zeugnis ablegt.

Noch kunstvoller hat Johannes das Verhör vor Pilatus aufgebaut. Es sind sieben Szenen, die durch ein ständiges Hineingehen und Herausgehen geprägt sind. Pilatus war von den geschichtlichen Zeugnissen her ein brutaler Statthalter. Hier jedoch wird er als Bild für den Leser beschrieben: Wie Pilatus schwanken auch wir zwischen der Betroffenheit durch Jesus und der Angst vor der Reaktion der Welt, zwischen der Faszination durch das Göttliche in Jesus und den eigenen Zweifeln, zwischen Macht und Ohnmacht. Die Symbolik beginnt schon mit dem ersten Wort: »Es war früh am Morgen.« (18,28) Der Tag des Sieges Jesu über die Welt bricht an. Der Tag wird feierlich eingeleitet. Und dann schildert Johannes voller Ironie, dass die Juden nicht in das Gebäude hineingingen, um nicht unrein zu werden, »sondern das Paschalamm essen zu können«. (19,28) Die Juden halten sich genau an die Vorschriften ihres Gesetzes und verursachen gerade so den Tod des von Gott Gesandten. Die Pflichterfüllung, das Sichklammern an die Normen tötet den Messias, den Gott zur Befreiung seines Volkes gesandt hat. Die Juden wollen das Paschalamm essen. Doch sie übersehen, dass hier das wahre Paschalamm geschlachtet wird, das sie reinigt und heiligt. Wenn sie von diesem Paschalamm essen würden, wären sie gerüstet zum wahren Aufbruch in die Freiheit. In Jesus würden sie das wahre Pascha feiern, den Übergang von dieser Welt in die andere, jenseitige Welt Gottes, die erfüllt ist von Liebe, Freiheit und Weite.

Jesus ist der Angeklagte, aber zugleich ist er souverän. Er ist der eigentlich Handelnde. Er offenbart sich vor Pilatus als der wahre König. Doch: »Mein Königtum ist nicht von dieser Welt.« (18,36) Für mich ist dies der zentrale Satz der sieben Szenen vor Pilatus. Jesus kommt aus einer anderen Welt, aus der göttlichen Welt. Diese wirkliche Welt ist für Pilatus, der nur das Vordergründige sieht, verschlossen. Jesus ist der wahre König, der absolut frei ist und über sich selbst bestimmt. Über ihn hat diese Welt keine Macht. Was Jesus von sich sagt, das gilt auch für uns. Und darin besteht für mich das Geheimnis der Erlösung, das in Jesu Passion und Sterben offenbar wird. Jeder von uns ist ein König, eine Königin. Es ist in uns eine Würde, die nicht von dieser Welt ist. Daher hat die Welt keine Macht über uns. Das Paradox besteht für mich darin, dass diese Würde gerade in der Passion sichtbar wird, dort, wo wir schwach sind, wo wir bedrängt, verurteilt, gegeißelt, verletzt, gekränkt, hinausgestoßen, fallengelassen, festgenagelt, durchbohrt und gekreuzigt werden. Es gibt in uns einen Raum, in dem uns niemand verletzen kann. Meine königliche Würde kann mir niemand nehmen, auch wenn ich nach außen hin versage, schwach werde, verurteilt und gekränkt werde.

Johannes interpretiert das Bild des Königs, wie es den Juden und Griechen vor Augen steht. Das eigentliche Ziel des Königs ist es, für die Wahrheit Zeugnis abzulegen. Jesus deckt gerade in seiner Passion die eigentliche Wirklichkeit dieser Welt auf. Er zeigt, was hinter der scheinbaren Macht des Pilatus und aller in dieser Welt Mächtigen steht: Ohnmacht, Feigheit und Angst. Jesus offenbart das Geheimnis Gottes. Er gibt auch dem Pilatus, der in seine Macht verstrickt ist, die Chance, die Augen zu öffnen und sich für die Wahrheit zu entscheiden. Doch Pilatus weicht aus. Ihn interessiert die Frage nach der Wahrheit nicht. Ihm geht es nur um die Macht. Aber gerade indem er sich der Macht verschreibt, gerät er in eine tiefe Abhängigkeit, wird er zum ohnmächtigen Spielball der Menschen. Die Welt mit ihrer Lüge hat ihn im Griff, weil er sich der Wahrheit verschließt. Jesus stellt uns vor die Frage, ob wir uns wie Pilatus der Lüge und der Macht verschreiben, oder ob wir uns für die Wahrheit entscheiden, für das wahre Leben, die wahre Freiheit, das wahre Königtum.

Pilatus gibt dem Drängen der Juden nach und lässt Jesus geißeln. Als Jesus mit der Dornenkrone und dem purpurroten Mantel angetan heraustritt, stellt ihn Pilatus vor mit dem Wort: »Ecce homo: Seht, da ist der Mensch!« Oder: »Seht, welch ein Mensch!« (19,5) Hier wird der wahre Mensch sichtbar. Für Bultmann wird in diesem Satz des Pilatus die extremste Konsequenz der Fleischwerdung des Wortes sichtbar (vgl. Bultmann, S. 510): »Und das Wort ist Fleisch geworden« (1,14) zeigt sich hier als das geschundene, verwundete, verachtete Fleisch. Gerade in diesem Menschen leuchtet die Wahrheit Gottes auf. Zugleich wird mit diesem Wort der Welt das wahre Bild des Menschen vor Augen geführt. Jesus ist der wahre Mensch, weil er von Gott kommt. Erst durch Gott wird der Mensch zum wahren Menschen, zum Menschen, so wie Gott ihn gedacht hat. Selbst die tiefsten Wunden können die Wahrheit des Menschen nicht verstellen.

Pilatus und die Juden decken sich gegenseitig die Absurdität ihres Lebenskonzepts auf. Die Juden zeigen Pilatus, wie er, der Mächtige, in Wahrheit ohnmächtig ist. Er handelt nur aus Angst vor den Juden und aus Angst vor dem Kaiser. Er ist hin und her gerissen zwischen der Anerkennung und Bestätigung durch die Juden und durch den Kaiser. Pilatus deckt den Juden auf, dass sie sich im Tod Jesu letztlich von Gott als ihrem wahren König distanzieren und sich der Macht des Kaisers ausliefern. Es liegt eine tiefe Ironie in dem Satz: »Wir haben keinen König außer dem Kaiser.« (19,15) Damit zeigen sie, dass sie letztlich von Gott abgefallen sind. Sie haben sich der Welt verschrieben. Pilatus und Juden sind hier Bilder für uns. Jeder Leser schwankt zwischen Pilatus und den Juden, zwischen Macht und Ohnmacht, zwischen Gott und Welt, zwischen Freiheit und Abhängigkeit.

Genauso kunstvoll – wiederum in sieben Bildern – wie das Verhör vor Pilatus schildert uns Johannes die Kreuzigung Jesu. Auch hier wird die Geschichte berichtet. Aber alles Geschehene ist zugleich voller Symbolik. Jesus trägt selbst sein Kreuz. Er ist der eigentlich Handelnde. Er wird zwischen zwei anderen gekreuzigt: »in der Mitte Jesus« (19,18). Wie Jesus hängen wir in der Mitte zwischen zwei Schächern. Jesus ist auch unsere wahre Mitte. Nur von ihm aus können wir zusammenhalten, was in uns auseinanderstrebt. Pilatus lässt ein Schild anfertigen, auf dem in drei Sprachen geschrieben steht: »Jesus von Nazaret, der König der Juden.« (19,19) Pilatus wird wider Willen zum Missionar, der das Wesen Jesu der ganzen Welt verkündet. Die drei Sprachen symbolisieren die Weisheit der ganzen Welt. In den drei Weltsprachen wird die Botschaft von Jesus, dem wahren König, verkündet. Und zugleich erfüllt Jesus die Weisheit, die in diesen drei Sprachen und ihrer jeweiligen Philosophie zum Ausdruck kommt.

Voller Symbolik ist auch das Gewand Jesu. Zunächst sind es vier Soldaten, die vier Teile aus den Kleidern Jesu machen. Vier ist die Zahl des Kosmos, die Zahl der Elemente. Die Kleider sind Bilder für den Leib Jesu, der der ganzen Welt gegeben wird. Dadurch wird diese Welt heil und ganz. Und die vier Soldaten sind ein Bild dafür, dass die heilende Botschaft Jesu in alle vier Himmelsrichtungen getragen wird, nicht zuletzt durch römische Soldaten. Dann wird das Untergewand genau beschrieben, »das von oben her ganz durchgewebt und ohne Naht war«. (19,23) Adam hatte – so weiß es die jüdische Tradition – einen ungenähten Rock, ähnlich Mose. Der Hohepriester hat einen Rock aus einem Stück. Jesus ist also der wahre Hohepriester. Er ist der wahre Adam, der wahre Mensch. Und er ist Mose, der das Volk aus der Gefangenschaft in das Gelobte Land führt. In ihm geschieht das wahre Pascha, der wahre Hinübergang aus dieser Welt in die jenseitige Welt Gottes. Dieser Rock ist von oben her durchwebt. Handwerklich ist das sicher falsch gesehen. Denn beim Weben muss man unten anfangen. Es ist eine symbolische Aussage. Jesu Leib kommt von oben her, von Gott her. Er ist ganz: Er vereinigt den ganzen Kosmos in sich. Und sein Leib ist ganz und gar vom göttlichen Sein durchdrungen. Am Kreuz vollendet sich die Menschwerdung und Fleischwerdung Gottes. Jesu Tod am Kreuz ist Heilung der ganzen Welt. Im Tod Jesu wird der ganze Kosmos von oben, von Gott her durchwebt, durchdrungen, verwandelt, geheilt. Da ergießt sich die Liebe, mit der uns Jesus bis zur Vollendung geliebt hat, in die ganze Welt.

Beim Kreuz sind nicht nur die vier Soldaten, sondern auch vier Frauen. Während die Männer bis auf den Jünger, den Jesus liebte, fehlen, harren die Frauen aus. Sie bleiben standhaft. Sie stehen zu Jesus. Die vier Frauen sind Bild für die Welt, die Jesus aufnimmt. Mit diesem Bild erneuert Johannes wieder die Aussage aus dem Prolog. »Allen aber, die ihn aufnahmen, gab er Macht, Kinder Gottes zu werden.« (1,12) Man könnte in diesen vier Frauen auch ein Symbol dafür sehen, dass wir gerade mit unserer anima-Seite offen sind für das Geheimnis Jesu, während unsere männliche Seite oft blind ist für die tiefere Wahrheit, die uns Jesus geoffenbart hat. Aber ein Mann harrt dennoch unter dem Kreuz aus: der Jünger, den Jesus liebte. Er ist durch die Liebe Jesu so verwandelt worden, dass er auch bei der Vollendung der Liebe am Kreuz zugegen ist. Er ist Zeuge für Jesu Erhöhung am Kreuz. In ihm ist Jesus selbst unter den Menschen gegenwärtig. Er übernimmt nach dem Tod Jesu sein Zeugnis, das er vor aller Welt abgelegt hat.

Dass die Szene, in der Jesus seine Mutter auf den Lieblingsjünger als auf ihren Sohn verweist und den Jünger auf Maria als seine Mutter, symbolisch auszulegen ist, haben alle Bibelwissenschaftler gesehen. Die Frage ist nur, welche Symbolik dahinter steht. Die einen meinen, Maria sei Bild für die jüdische Gemeinde, der Lieblingsjünger für die Gemeinde aus den Heiden. Andere sehen in Maria ein Bild für die Familie Jesu, die mit der Jüngergemeinde einen gemeinsamen Weg geht. Der amerikanische Theologe Raymond E. Brown meint, Jesus werte am Kreuz Marias Position derart auf, »dass ihre Autorität in der johanneischen Gemeinde der der männlichen Apostel gleich war«. (Sanford 1, S. 71) Man kann in dieser Szene auch die Vereinigung der Gegensätze sehen. Der Mann wird auf die Frau und die Frau auf den Mann verwiesen. Der Mann soll die Frau in sein Haus aufnehmen. Im Griechischen steht hier: »eis ta idia« = in das Seine (19,27). Am Kreuz werden die Gegensätze miteinander vereint: Gott und Mensch, Mann und Frau, Juden und Heiden.

Maria erscheint bei Johannes nur zu Beginn bei der Hochzeit zu Kana und am Ende unter dem Kreuz. Sie ist die Mutter der Verwandlung, die den Prozess der Verwandlung bei der Hochzeit zu Kana anstößt und nun die Vollendung der Verwandlung bezeugt. Der Tod am Kreuz ist auch die Vollendung der Hochzeit. Am Kreuz wird vollzogen, was bei der Hochzeit zu Kana als Herrlichkeit Gottes aufleuchtete: Da wird alles, selbst der Tod, selbst die Schuld, hineingenommen in die göttliche Liebe. Da werden alle Gegensätze dieser Welt eins. Bei der Hochzeit zu Kana ist Maria die Pforte, durch die Jesus in die Welt eintritt. Unter dem Kreuz ist sie die Pforte, durch die er in die Herrlichkeit des Vaters eingeht. Maria, die Mutter, ist zugleich Bild für die Neugeburt des Menschen, die durch den Tod Jesu geschieht. Die Männer stehen bei Johannes für die Auseinandersetzungen mit Jesus. Die Frauenszenen – etwa mit der Samariterin oder mit Maria und Martha – sind immer Szenen der Liebe. Wenn Jesus Maria, seine Mutter, dem Lieblingsjünger übergibt, dann wird darin seine Liebe allen Menschen gegenüber offenbar. Der Lieblingsjünger ist Bild für uns alle. Unsere Aufgabe ist es, die Liebe, die in Maria, der Quelle der Liebe, aufscheint, in unser Haus aufzunehmen, »in das Eigene«, in das Innerste, in das Herz, einzulassen.

Die kunstvolle Beschreibung der Passion gipfelt in den drei Versen, in denen Johannes den Tod Jesu schildert. Dreimal verwendet er in diesen drei Versen das Wort: »tetelestai« = es ist vollendet, vollbracht, ans Ziel gebracht, es ist ganz und rund geworden. Am Kreuz vollendet sich die Liebe, die Jesus den Seinen erwies. Da kommt die Liebe Gottes, die der Grund der Menschwerdung war (3,16), an ihr Ende. Alle Worte sind hier voller Symbolik. Das gilt auch für das Wort Jesu »Mich dürstet« (19,28).

Jesus dürstet danach, den Todeskelch zu trinken, damit alles vollendet werde und an sein Ziel komme. Der Durst erinnert an den Durst der Samariterin. Nicht nur der Mensch dürstet nach Gott, sondern Gott zeigt in Jesus seinen Durst nach dem Menschen, der seine Liebe erwidert. Doch Jesus erfährt, was der Psalmist erleiden musste: »Für den Durst reichten sie mir Essig.« (Ps 69,22) Jesus trinkt im Essig die Bitterkeit der Menschen bis zur Neige aus. Und gerade dadurch befreit er den Menschen vom Gift seiner verbitterten Gefühle.

Der Schwamm mit Essig wird hier auf einen Ysopzweig gesteckt und nicht auf ein Rohr, wie bei den Synoptikern. Der Ysop weist auf den Pascharitus. Am Kreuz wird Jesus als das wahre Paschalamm geschlachtet. Da wird vollendet, was die Schrift über das Pascha bezeugt. Da geschieht der wahre Übergang in die Welt Gottes. Da verliert die Welt endgültig ihre Macht über Jesus und über alle, die an ihn glauben. Mit dem Wort Jesu »Es ist vollbracht!« (19,30) drückt Jesus aus, dass er sein Werk vollbracht hat, dass seine Liebe nun vollendet ist. Das Wort »tetelestai« ist auch die Schlussformel bei Mysterienkulten. Am Kreuz hat Jesus die Menschen eingeweiht in das Geheimnis der göttlichen Liebe. Da hat er die Menschen, die zur Liebe unfähig waren, wieder liebesfähig gemacht. »Und er neigte das Haupt und gab seinen Geist auf.« (19,30) Jesus neigt sich in seinem Tod den Menschen liebend zu und übergibt uns seinen Geist. Er übergibt ihn nach unten, zu all den Menschen, die unten auf dieser Erde stehen, allen, die »down« sind, gebeugt, enttäuscht, resigniert. Am Kreuz schafft Jesus den Menschen neu. Die Erlösung durch das Kreuz versteht Johannes so, dass Christus seinen Geist der Liebe ausgießt auf alle Menschen. Die vollendete Liebe, die im Kreuz Jesu allen sichtbar geworden ist, breitet sich aus in die Welt und hat seither das menschliche Bewusstsein verändert. Sie ist eine Kraft, die den

Menschen in seiner Beziehung zu Gott wieder herstellt und seine Seele heilt. Man könnte sagen, das Kreuz hat wie kaum ein Ereignis zuvor oder danach das menschliche Bewusstsein verändert und verwandelt. Wenn die Liebe in einem Menschen so klar durchbricht wie in Jesus, dann verwandelt dies das allgemeine Bewusstsein der Menschheit. Von dieser Liebe geht eine Bewegung aus, die nicht mehr zu stoppen ist. Der Geist, den Jesus am Kreuz allen Menschen übergab, ergießt sich durch alle Bereiche menschlichen Denkens und Fühlens und wird so zu einer Quelle des Heils und der Heilung, der Transformation und der Bewusstseinserweiterung für alle.

Johannes deutet mit einer weiteren Szene das Geheimnis des Kreuzestodes Jesu. Die Soldaten sehen nach, ob die Gekreuzigten bereits gestorben sind. Ein Soldat sticht mit einer Lanze in die Seite Jesu. Das erinnert an den Felsen in der Wüste, an den Mose seinen Stab schlug. Sogleich floss eine Quelle frischen Wassers heraus. Aus der Seite Jesu fließen Blut und Wasser. Blut ist ein Bild für die Liebe Jesu, die aus ihm herausströmt. Wasser ist Bild für den Heiligen Geist. Aus dem Leib Jesu als dem wahren Tempel entströmt die Quelle des Heiligen Geistes, aus der wir trinken dürfen, um unseren tiefsten Durst nach Leben zu stillen. Hier ist der Brunnen, der uns das Wasser des ewigen Lebens spendet, nach dem sich die Samariterin so gesehnt hat. Hier ist der siebte Krug, aus dem das Blut strömt, das unser Leben mit göttlicher Liebe erfüllt, aus dem wir den wahren Wein des Heiles trinken. Im Tod Jesu wird der Geist Gottes über die ganze Welt ausgegossen. Sein Herz steht offen für alle. Das durchbohrte Herz wird aber auch zum Bild für den wahren Menschen. Nur der Mensch, der sein Herz für Gott öffnet, verwirklicht das Bild, das Gott sich von ihm gemacht hat. Gott wird offenbar im menschlichen Herzen, in der menschlichen Liebe.

Johannes deutet dieses geheimnisvolle Geschehen mit zwei Schriftworten: »Man soll an ihm kein Gebein zerbrechen.« (19,36 = Ex 12,46) Jesus wird vom Alten Testament als das wahre Paschalamm bezeugt. Wer von diesem Paschalamm isst, der geht hinüber in die Welt Gottes, der hat jetzt schon teil am ewigen Leben. Über ihn hat die Welt keine Macht mehr. Das andere Schriftwort stammt aus dem Propheten Sacharja: »Sie werden auf den blicken, den sie durchbohrt haben.« (19,37) Hier wird die typisch griechische Sehnsucht nach Verwandlung durch das Schauen erfüllt. Wer auf Jesus schaut, wer ihn schauend betrachtet (= Kontemplation), der wird verwandelt. In diesem Wort erfüllt sich auch die Sehnsucht der Gnostiker, die sich danach sehnen, das Heil Gottes zu schauen. Durch das Schauen kommen sie zur Einsicht. Und durch die Einsicht wird ihr Leben verwandelt und erneuert. Im Schauen haben sie teil am Geschauten, da werden sie eins mit dem, was sie schauen. Das Paradox des Johannesevangeliums besteht nun darin, dass wir auf den Durchbohrten schauen sollen. In der Wunde Jesu schauen wir unser Heil. Im Durchbohrten sehen wir die Liebe Gottes. Die unsichtbare Liebe Gottes schafft sich im durchbohrten Jesus ein Bild, um angeschaut, meditiert, verinnerlicht zu werden.

Wenn wir die Stelle beim Propheten Sacharja genauer anschauen, dann lesen wir dort, dass Gott über das Haus David »den Geist des Mitleids und des Gebets ausgießen« (Sach 12,10) wird. Der Heilige Geist, der aus dem Herzen Jesu strömt, bewirkt in uns Barmherzigkeit und Mitgefühl und befähigt uns zum Gebet. Ein paar Verse weiter heißt es, dass an jenem Tag eine Quelle fließen wird »zur Reinigung von Sünde und Unreinheit« (Sach 13,1). Das Herz Jesu ist die Quelle, die alle Unreinheit in und an uns beseitigt. Sie wäscht die Trübungen ab, die das ursprüngliche und unverfälschte Bild Gottes vom Menschen verstellen. Am Kreuz erfüllt sich die Zeichenhandlung der Vertreibung der Händler aus dem Tempel: »Kein Händler wird an jenem Tag mehr im Haus des Herrn der Heere sein«. (Sach 14,21) Da wird der Geist Jesu unser inneres Haus erfüllen. Da wird durch Jesu Geist in uns alles geheiligt sein und somit heil und ganz.

Die Deutung der Auferstehung (Joh 20)

Wie Johannes den Tod Jesu auf seine persönliche Weise deutet, so auch die Auferstehung. Die drei Szenen, die er im 20. Kapitel beschreibt, finden wir sonst bei keinem Evangelisten. Ich möchte diese Szenen nicht im Einzelnen auslegen, sondern nur die Grundzüge der johanneischen Theologie der Auferstehung andeuten. In der Auferstehung Jesu vollendet sich die Liebesgeschichte zwischen Gott und den Menschen. Das deutet Johannes in der Begegnung Jesu mit Maria von Magdala an. Schon die ersten Verse »frühmorgens, als es noch dunkel war« (20,1) erinnern an das Hohelied. Da steht die Braut auf, als es noch dunkel war, um den zu suchen, den ihre Seele liebt. (Vgl. Hld 3,1.) Maria von Magdala ist die große Liebende. Die Liebe treibt sie zum Grab, nicht um den Leichnam zu salben, sondern um bei ihm zu sein. Sie sucht, den ihre Seele liebt. Wenn sie nicht den Lebenden finden kann, so möchte sie doch wenigstens seinen toten Leib sehen und umfassen. Aber sie spricht nie vom Leichnam, sondern dreimal davon, dass man ihren Herrn weggenommen hat. Das ist nicht nur ein Ausdruck, dass Jesu Leib nicht mehr im Grab ist, sondern ein Bild dafür, dass man ihr im Tod den entrissen hat, den ihre Seele liebt. Wer wie Maria von Magdala in seiner Liebe nicht nachlässt, sondern sich auf den Weg macht, um Jesus zu suchen, der wird ihn finden. Die Voraussetzung ist jedoch einmal das Weinen der Trauer, in der sich die Sehnsucht nach dem Geliebten ausdrückt. Zum anderen bedarf es der Umkehr. Zweimal wendet sich Maria um. Als sie sich das erste Mal umdreht (im Lateinischen steht hier: conversa est), sieht sie Jesus. Als dieser sie anspricht, kehrt sie sich nochmals um. Jetzt erst ist Begegnung möglich. Die eigentliche Ostererfahrung geschieht in der Begegnung zwischen dem Auferstandenen und Maria. Jesus spricht sie mir ihrem Namen an: »Maria«. Wie jemand meinen Namen ausspricht, darin erkenne ich seine Beziehung zu mir. Wenn der Geliebte den Namen sagt, hören wir im Namen seine Liebe mit. So ist es Maria von Magdala ergangen. Sie hat in ihrem Namen die Liebe herausgehört, die sie zum Leben geweckt hat. In der Stimme Jesu hörte sie die Gefühle mit, die Jesus ihr gegenüber gezeigt hat. Da war die heilende und reinigende Kraft Jesu für sie erfahrbar. Die Stimme Jesu bewirkt in ihr völlige Umkehr. Nun kann sie antworten: »Rabbuni« = mein Meister. In diesem Wort bekennt sie, wer Jesus für sie ist. Sie greift auf, was die Jünger bei der ersten Berufung gesagt haben: »Meister« (1,38). Doch nun sagt sie: »Mein Meister«. Dies ist nicht ein Bekenntnis, wer Jesus ist, sondern ein Ausdruck dafür, wer Jesus für sie ist. Er ist ihr ganz persönlicher Meister und Lehrer geworden. Ihm verdankt sie ihr Leben.

Maria berührt Jesus. Sie umarmt ihn. Sie spürt seine Liebe, die im Tod Jesu nicht zerbrochen ist, sondern für immer weitergeht. Sie möchte ihn festhalten wie die Braut im Hohenlied: »Ich packte ihn, ließ ihn nicht mehr los, bis ich ihn ins Haus meiner Mutter brachte.« (Hld 3,4) Die Braut des Hohenliedes möchte ihren Geliebten in das Haus ihrer Mutter holen. Doch Jesus will in das Haus seines Vaters gehen. Er sagt zu Maria: »Halte mich nicht fest. Denn ich bin noch nicht zu meinem Vater aufgestiegen« (20,17). Wenn wir etwas begreifen wollen, dann greifen wir nach dem, was wir verstehen möchten. Anfassen und Begreifen sind unsere Weisen des Verstehens. Doch der Auferstandene kann so nicht verstanden werden. Es geht nicht um eine welthafte Weise des Begreifens, sondern um die Einsicht des Glaubens. Der Auferstandene ist unverfügbar. Wir können ihn nicht in den Griff bekommen. Er verweist uns auf den Vater, zu dem er aufgestiegen ist. Der Aufstieg Jesu zum Vater wird zum Grund der wahren Gemeinschaft mit Jesus.

Johannes schildert uns die Begegnung zwischen dem Auferstandenen und Maria von Magdala als eine idealtypische Szene. Er lädt uns ein, sie zu meditieren, sie zu verinnerlichen. Durch die Meditation dieser Ostererfahrung der ersten Zeugin der Auferstehung kann sich unser persönliches Vertrauens- und Liebesverhältnis zu Jesus vertiefen. Unsere Liebe zu Jesus bekommt durch die Auferstehung ewigen und endgültigen Bestand. Zugleich zeigt uns diese Szene, dass die unverfügbare Welt Gottes sich in der vertrauten Welt menschlicher Begegnung offenbart und ereignet. Auferstehung ist keine Welt der Phantasie, sondern eine Erfahrung, die mitten in unserem Leben geschieht. Die Begegnung zwischen Maria und Jesus ist voller Poesie. Sie ist erotisch gefärbt. In der Liebe, die uns verzaubert, kann uns das Geheimnis der Auferstehung aufleuchten. Doch wir können den Auferstandenen nicht festhalten. Der Auferstandene leuchtet auf und entzieht sich wieder unserem Zugriff und Begreifen. Auch von der Liebe zwischen zwei Menschen gilt: Ich kann den anderen nicht festhalten. Etwas im anderen muss aufsteigen zum Vater. Etwas im anderen ist unverfügbar. Es entzieht sich meinem Zugriff.

In der Auferstehung – so meint Johannes – kommen wir in eine neue Beziehung zu Jesus. Auferstehung heißt: Jesus so zu begegnen, dass er mein persönlicher Meister wird, der, der mich zum Leben führt, der mich in Liebe anspricht. Auferstehung heißt, dass die Lieber stärker ist als der Tod. Jesus ist nicht im Tod geblieben. Seine Liebe hat den Tod überwunden. Wir können nicht mehr aus der Liebe Jesu herausfallen, auch nicht durch den Tod. Auferstehung heißt aber auch, dass wir Jesus nicht festhalten können, sondern uns von ihm auf den Vater verweisen lassen. Der Auferstandene, der zum Vater aufgestiegen ist, nimmt uns in seiner Auferstehung schon mit in das Haus des Vaters, in dem wir wahrhaft zu Hause sind. Auferstehung ist daher nicht Wiederherstellung des alten Zustandes, sondern spirituelles Erwachen und Erneuerung des Lebens. Die alten Strukturen des egozentrischen Festhaltenwollens werden aufgebrochen, und unsere eigentliche Mitte wird sichtbar, die in Gott gründet.

Für Johannes ist die Auferstehung die Vollendung der Liebesgeschichte zwischen Gott und den Menschen. Und Auferstehung ist Vollendung unseres Glaubens. Das wird deutlich in der Begegnung des Auferstandenen mit Thomas. Thomas war nicht dabei, als Jesus am Abend des Ostertages den Jüngern erschienen war und ihnen seinen Geist einhauchte. In der Szene am Osterabend hatte Johannes die Auferstehung als Vollendung des Kreuzesgeschehens beschrieben. Am Kreuz hat uns Jesus seinen Geist übergeben. An Ostern haucht er uns diesen Geist ein, damit wir nun als seine Boten in der Welt die Vergebung der Sünden verkünden. Die Mitteilung des göttlichen Lebens ist zugleich Sündenvergebung, Bereinigung des Lebens, Chance eines neuen Beginns. Die Vergebung ist die Konkretisierung der Liebe, die uns der Auferstandene mitteilt. Es ist eine Liebe, die im alltäglichen Miteinander immer wieder einen neuen Anfang ermöglicht.

Die Jünger freuten sich, »dass sie den Herrn sahen« (20,20). Johannes versteht die Auferstehung als Überwindung der Angst und als Aufschließen unserer Verschlossenheit. Jesus tritt bei verschlossenen Türen ein. Die

Szene am Osterabend erinnert die Leser an die sonntägliche Eucharistie. Der Bischof begrüßte die Christen zu Beginn jeder Eucharistiefeier mit dem Friedensgruß, den Johannes dem Auferstandenen in dieser Szene zweimal in den Mund legt. Wenn die Christen den Gruß des Bischofs hörten, wussten sie den Auferstandenen selbst in ihrer Mitte, der sie auf seine Wunden verwies als Bild für seine Liebe, die ihre Wunden zu heilen vermag. Da erfuhren die Christen, wie die Jünger hinter verschlossenen Türen, dass ihre Enge weit wurde und ihre Angst sich in Freude verwandelte. Und sie wussten sich gesandt als Zeugen der Auferstehung, als Zeugen für die todüberwindende Liebe Gottes, die in Jesus Christus offenbar geworden ist.

Als die Jünger dem Thomas von ihrer Begegnung mit dem Auferstandenen erzählen, glaubt er ihnen nicht: »Wenn ich nicht die Male der Nägel an seinen Händen sehe und wenn ich meinen Finger nicht in die Male der Nägel und meine Hand nicht in seine Seite lege, glaube ich nicht.« (20,25) Thomas steht für uns, die wir nur von Jesus gehört, ihn aber nicht gesehen und berührt haben. In Thomas dürfen wir zu unserer Sehnsucht stehen, Jesus zu erfahren und zu berühren. Wir möchten nicht nur glauben, sondern auch spüren. Jesus bestätigt das Anliegen des Thomas und die Art und Weise, wie er den Zugang zum Auferstandenen finden möchte. Er fordert ihn auf, seine Finger in die Wunde seiner Hände und seine Hand in seine Seite zu legen. Er lässt sich von ihm berühren. Das Sehen und Betasten Jesu bringt Thomas zum klarsten und liebevollsten Bekenntnis, das ein Christ von Jesus ablegen kann: »Mein Herr und mein Gott!« (20,28) In diesem Wort des Thomas wird das Bekenntnis des anderen Zweiflers aufgegriffen, das Bekenntnis des Natanael bei seiner ersten Berufung: »Du bist der Sohn Gottes, du bist der König Israels.« (1,49) Doch wie Maria von Magdala fügt Thomas hinzu: »Mein Herr und mein

Gott.« Das ist nicht ein abstraktes Bekenntnis. Durch die Auferstehung ist Jesus für Thomas zu seinem Herrn und zu seinem Gott geworden. Da ist eine persönliche Beziehung entstanden. Jesus, der Auferstandene, lässt sich nicht objektiv erfahren, sondern nur in der persönlichen Begegnung, im Angerührtwerden und Geliebtwerden. Im anbetenden Bekennen des Thomas gipfelt das Johannesevangelium. Wer wie Thomas sagen kann »Mein Herr und mein Gott«, hat die Botschaft Jesu verstanden. Für den sind nicht mehr Menschen Herren, für den sind nicht mehr Geld und Erfolg sein Gott. Wer in Jesus seinen Herrn und seinen Gott bekennt, der ist auferstanden zum wahren Leben. Ihm gehen die Augen auf, und er erfährt, worin wirkliches Leben besteht.

Jesus bestätigt den Thomas und in ihm auch uns. In der sonntäglichen Eucharistiefeier dürfen wir wie Thomas unsere Hand in Jesu Seite legen und seine Wunden berühren. Indem wir sein Fleisch in die Hand nehmen und sein Blut trinken, legen wir unsere Finger in die Male der Nägel und unsere Hand in seine Seite, aus der uns seine Liebe entgegenströmt. Auch nach der Auferstehung bleiben die Wunden Jesu wichtig. Die Wunden sind der Ort, an dem das Wunder des Glaubens geschieht. Die Wunden Jesu sind Verheißung, dass auch unsere Wunden verwandelt werden. Diese Erfahrung dürfen wir mit Thomas »acht Tage darauf« machen. Der achte Tag weist hin auf die Welt der Ewigkeit. Acht ist die Zahl der Transzendenz. In der Acht bricht die Ewigkeit ein in unsere Zeit, die göttliche Welt in unsere irdische Welt. Nur wenn wir ein Gespür bekommen für das Geheimnis der Acht, für das Geheimnis der Ewigkeit mitten in der Zeit, des göttlichen Lebens mitten in unserem irdischen Leben, vermögen wir wie Thomas den Auferstandenen in der Eucharistiefeier zu berühren. Doch Jesus verweist uns zugleich auf einen anderen Weg, wenn er zu Thomas spricht: »Weil du mich gesehen hast, glaubst du. Selig sind, die nicht sehen und doch glauben.« (20,29) Manchmal dürfen wir Jesus sehen und betasten. Aber es gibt immer auch Zeiten, in denen wir nichts sehen. Dann muss uns der Glaube genügen. Der Glaube ist für Johannes eine tiefere Sehweise, eine neue Art zu sehen. Wir sehen das Eigentliche. Wir sehen Jesus nicht so wie die Augenzeugen, die uns das Evangelium geschrieben haben. Sie haben die Zeichen gesehen, die Jesus gewirkt hat. Wir lesen, was sie geschrieben haben. Die Zeichen führen nicht aus sich zum Leben, und das Lesen allein genügt nicht. Allein der Glaube lässt uns teilhaben an der göttlichen Wirklichkeit. So fasst Johannes das Ziel seines Evangeliums zusammen in dem Wort: »Diese (Zeichen) aber sind aufgeschrieben, damit ihr glaubt, dass Jesus der Messias ist, der Sohn Gottes, und damit ihr durch den Glauben (als Glaubende) das Leben habt in seinem Namen.« (20,31) Wenn wir mit glaubenden Augen lesen, was uns Johannes aufgeschrieben hat, dann haben wir teil am wirklichen Leben, am Leben Gottes, dann erkennen wir die Wahrheit allen Seins, dann leben wir wirklich, dann erneuert sich unser Bewusstsein, und wir leben aus der Mitte unseres Selbst, aus der Beziehung zu Gott heraus als neue und verwandelte, als auferstandene Menschen.

Die Erfahrung der Auferstehung mitten im Alltag (21,1–14)

Das 21. Kapitel gilt als Nachtragskapitel. Aber von seinem Gesamtduktus her gehört es untrennbar zu dem Evangelium. Es greift wichtige Themen auf und bringt sie zur Vollendung. Schon die Einleitung nimmt Bezug auf das Vorhergehende. Jesus offenbart sich nach seiner Auferstehung den Jüngern noch ein drittes Mal. Das dritte

Mal ist symbolisch gemeint. Alle Bereiche des Menschen werden durch die Auferstehung verwandelt. Auferstehung ist Vollendung der Liebe (Maria von Magdala) und des Glaubens (Thomas), und Auferstehung ist Verwandlung unseres Alltags. Das kommt in der Szene vom morgendlichen Fischfang zum Ausdruck. Die Jünger sind bei ihrer Alltagsbeschäftigung, beim Fischen. Doch ihre Arbeit ist vergeblich. Ihre Situation ist die Nacht der Vergeblichkeit, eine Situation, die wir wohl alle kennen. Alles ist umsonst. Nichts kommt heraus bei all unserem Bemühen. Wir sind enttäuscht, frustriert. Alle Anstrengung ist vergebens. Es sind sieben Jünger, die vergeblich gefischt haben. Sie sind Bild für die kirchliche Gemeinschaft. Das Miteinander gelingt nicht. Es geht nichts mehr zusammen. In diese Nacht der Vergeblichkeit tritt Jesus vom Ufer aus. Der Auferstandene tritt aus einer anderen, aus der göttlichen Welt in unsere alltägliche Welt. Und wenn er kommt, dann wandelt sich der graue Morgen, dann wandelt sich die Nacht der Vergeblichkeit. Der Auferstandene spricht die Jünger an und fragt sie nach dem, was sie nährt: »Meine Kinder, habt ihr nicht etwas zu essen?« (21,5) Jesus redet seine Jünger liebevoll als Kinder an. Doch sie sind es auch dem Begreifen nach. Sie verstehen immer noch nicht, wer dieser Jesus ist. Im Griechischen fragt Jesus die Jünger nach dem »prosphagion«, nach dem Zubrot. Das Zubrot hat oft die Bedeutung von Fisch, den man zum Brot aß. Man könnte es aber auch verstehen als das, was das Leben versüßt, was ihm Geschmack gibt, was mehr ist als das tägliche Brot. Jesus fragt die Jünger nach dem, was sie wirklich nährt, was ihnen wahrhaft Leben schenkt. Und sie müssen bekennen, dass sie nichts haben, dass ihre Hände leer sind.

Nun zeigt ihnen Jesus, wie ihr Leben gelingen kann. Er fordert sie auf, das Netz auf der rechten Seite des Bootes auszuwerfen. Jesus verlangt von den Jüngern nichts Besonderes. Sie sollen das Gleiche tun, was sie immer tun: ihr Netz auswerfen. Aber sie sollen es auf sein Geheiß hin tun und auf der rechten, auf der bewussten Seite. Sie sollen auf das Wort Jesu hören und bewusst und achtsam ihr alltägliches Handeln vollziehen. Dann wird es Früchte tragen. Fischen ist im Traum immer Symbol für das Erforschen der eigenen Tiefe, der eigenen Innenwelt. Die Jünger sollen nicht unbewusst in der Tiefe ihres Bewusstseins stochern, sondern auf das Wort Jesu hin. Das Wort Jesu führt sie in den Grund des inneren Meeres, in den eigenen Seelengrund.

Die Jünger fangen 153 große Fische. Die Zahl ist sicher symbolisch gemeint. Dabei ist es nicht ganz klar, was die Zahl bedeutet. Evagrius Ponticus (345–399) legt die Zahl so aus: 100 ist das Quadrat, 28 das Dreieck und 25 die Kugel. Dann würde Auferstehung bedeuten, dass alle Gegensätze dieser Welt in uns zusammenfallen, dass alles eins wird. Das, was sich in uns widerstreitet, was wir nicht zusammenbringen, das kommt durch die Auferstehung zur Einheit zusammen. Auferstehung rundet unser oft zerrissenes Leben ab. Sobald sich das Netz füllt, erkennt der Jünger, den Jesus liebte, dass es der Auferstandene ist, der da am Ufer steht. Und er bekennt vor den anderen Jüngern: »Es ist der Herr.« (21,7) Die Liebe erkennt den Auferstandenen mitten im alltäglichen Tun, mitten in der Arbeit, am Schreibtisch, am Schraubstock, an der Hobelbank. Der Auferstandene ist gegenwärtig. Doch es braucht den Blick der Liebe, der seine Gegenwart wahrnimmt. Der Lieblingsjünger als Zeuge für den Auferstandenen möchte uns die Augen öffnen, damit auch wir in der Nacht unserer Vergeblichkeit und in der Banalität unseres Alltags den Auferstandenen erkennen. Er ist dort, wo wir sind. Und wo er ist, gelingt unser Leben, da kommen wir in Berührung mit unserer Mitte, die die sich widerstrebenden Bereiche unserer Seele zur Einheit zusammenführt.

Nach dem reichen Fischfang schildert Johannes eine eigenartige und geheimnisvolle Szene: das Frühmahl am Kohlenfeuer. Keiner wagt Jesus zu fragen, wer er sei. »Denn sie wussten, dass es der Herr war.« (21,12) Es ist die Situation der Eucharistie. Die Christen wissen, dass der Herr selbst in ihrer Mitte ist. Sie fragen nicht danach. Sie glauben es. Und weil der Herr unter ihnen ist, verwandelt sich der graue Morgen in eine Atmosphäre der Intimität und Liebe. Da entsteht mitten in der Fremde Heimat, mitten in der Vergeblichkeit Erfüllung. Wie bei der Eucharistie tritt Jesus heran, nimmt das Brot und gibt es den Jüngern. Doch hier ist es neben dem Brot nicht Wein, den Jesus reicht, sondern Fisch. Fisch ist für die Alten die Speise der Unsterblichkeit. Auferstehung erfahren wir in der Eucharistiefeier. Da reicht uns Jesus die Speise der Unsterblichkeit. Da wird unsere Sterblichkeit mit seiner Unsterblichkeit vermischt, da haben wir teil am ewigen, unvergänglichen, unzerstörbaren Leben Gottes. Auferstehung geschieht für Johannes nicht dadurch, dass wunderbare Dinge geschehen. Im Einfachen und Alltäglichen, im Mahl um das Kohlenfeuer herum, da wird der Schleier weggezogen, da kommen die Jünger in Berührung mit der Wirklichkeit, da geschieht Einswerden mit dem Grund allen Seins, mit dem Gott der Liebe.

Unsere Antwort auf das Geschehen Jesu (21,15–25)

Den Schluss des Johannesevangeliums bildet die dreifache Frage Jesu an Petrus: »Liebst du mich?« Die dreifache Frage gilt auch uns. Sie will die geheimsten Gedanken in uns offenbaren, uns aber auch auf die Liebe hinweisen, die in uns verborgen liegt. Jesus lockt mit seinen Fragen aus Petrus das Eigentliche heraus, das, warum es im Leben eigentlich geht. Doch zunächst konfrontiert er uns wie den Petrus mit unserem Verrat. Wir nehmen wie Petrus den Mund oft zu voll. Wir versprechen Jesus allerlei und verraten ihn dann feige. Petrus ist hier Bild des Christen, der in seinem Leben immer wieder an Jesus vorbei lebt, der aus Angst vor der Reaktion anderer seine Beziehung zu Jesus verleugnet. Die Szene mit Petrus lädt uns ein, sehr behutsam und bescheiden von unserer Liebe zu Christus zu sprechen. Denn wir erleben ja immer wieder, wie brüchig unsere Liebe ist, wie schnell wir sie verraten.

Im griechischen Text fragt Jesus die ersten beiden Male den Petrus nach seiner Agape, nach der reinen und absichtslosen Liebe, nach der Liebe, die frei ist vom Ego, von der Absicht, den anderen für sich zu besitzen. Petrus antwortet beide Male mit: »Herr, du weißt, dass ich dich liebe (philo se).« Philia ist die Freundesliebe. Petrus möchte gar nicht behaupten, dass er Jesus mit lauterer Liebe liebt. Aber er kann von sich sagen, dass er ihn als Freund liebt, dass er sich von ihm angezogen weiß, dass er seine Freundschaft sucht. Bei der dritten Frage wechselt Jesus das Wort. Nun fragt er: »Phileis me« = liebst du mich als Freund? Bist du mein Freund? Petrus wird nicht nur traurig, weil er bei der dritten Frage an seinen Verrat erinnert wird, sondern auch, weil Jesus mit diesen Worten seine Freundschaft in Frage stellt. Jesus fordert mit dieser Frage den Petrus auf, seine freundschaftlichen Gefühle genauer anzuschauen. Haben sich da nicht andere Absichten in diese Freundschaft eingeschlichen, etwa das Motiv, als Freund Jesu etwas Besonderes zu sein, mich über die anderen erheben zu können. Petrus antwortet: »Herr, du weißt alles; du weißt, dass ich dich lieb habe (philo se).« (21,17) Petrus lässt Jesus in sein offenes Herz blicken. Jesus sieht alles. Er sieht die Feigheit, die Angst, das egozentrische Vereinnahmen. Aber er schaut durch den Unrat auch hindurch auf den Grund des Herzens. Und dort erkennt er seine Liebe. Jesus erkennt die Liebe auch in unserem Verrat, auch in unserer Feigheit, in unseren Aggressionen, in unserer oft vordergründigen Begeisterung. Petrus fühlt sich von Jesus durchschaut. Er kann ihm nichts vormachen. Er weiß, wie sehr seine Freundschaft durch andere Motive getrübt ist. Aber er hält dennoch daran fest, dass etwas an seiner Liebe ganz echt und lauter ist. Zumindest ist seine Sehnsucht nach dieser Liebe echt. Die Sehnsucht nach der Liebe zu Jesus kann nicht verfälscht werden. Und zu dieser lauteren Liebe auf dem Grund seines Herzens steht Petrus. Auferstehung heißt deshalb auch für uns, Christus die ganze Wahrheit hinzuhalten und dennoch an die lautere Liebe zu glauben, die in der Tiefe unseres Herzens ist.

Am Ende des Evangeliums möchte uns Johannes in der Gestalt des Petrus vor die Frage stellen, wie weit unsere Liebe zu Jesus echt ist. Und er möchte uns an unsere Sehnsucht nach der lauteren und absichtslosen Liebe erinnern. Die angemessene Reaktion auf Jesu Worte, auf die Zeichen, die er unter uns gewirkt hat, auf seinen Tod und seine Auferstehung, ist unsere Liebe zu Jesus. Diese Liebe ist die Voraussetzung für den Auftrag Jesu an Petrus: »Weide meine Schafe!« (21,17) Der griechische Text erinnert in dem Wort »poimaine«, »weide«, an den Hirten (»poimen«) aus Joh 10. Nur wer auf die Offenbarung Jesu mit Liebe antwortet, ist fähig, für andere zum Hirten zu werden, zu einem Hirten, der bereit ist, wie Jesus sein Leben hinzugeben. Die Liebe ist die Tür, durch die wir treten müssen, um das Geheimnis Jesu zu verstehen und in ihm das wahre Leben zu finden, das Leben in Fülle.

Wer mit Petrus von sich sagen kann, dass er Jesus liebe, für den wird es unwichtig, wie sein Leben weiter geht. Der hat es nicht mehr nötig, sich mit dem Schicksal anderer zu vergleichen. Er ist bereit, Jesus auf seine persönliche Weise zu folgen, ohne nach den anderen zu blicken, wie deren Weise der Nachfolge aussieht. Auf diesem Weg werden auch wir das Kreuz erfahren. Das Leben wird uns durchkreuzen. Wir werden unsere Hände ausstrecken, und ein anderer wird uns gürten und führen, wohin wir nicht wollen. (21,18) Gott wird uns den Weg führen, den er für uns bereit hält. Wer liebt, wird sich auf den Weg einlassen, den Gott ihm zugedacht hat. Und wie Petrus Gott durch seinen Tod am Kreuz verherrlicht hat (21,19), so ist es auch unser Ziel: Gott in unserem Leben und Sterben zu verherrlichen. Petrus möchte gerne wissen, wie die Zukunft des Jüngers aussieht, den Jesus liebt. Doch Jesus antwortet ihm: »Was geht das dich an?« (21,22) Es hat keinen Zweck, über die Länge meines Lebens zu spekulieren, über Erfolg oder Nichterfolg zu grübeln. Es kommt nur darauf an, dass ich Jesus nachfolge und seine Liebe lebe. Alles andere ist unwichtig. Das Gelingen des Lebens hängt davon ab, dass ich mir von Jesus die Augen öffnen lasse für das Geheimnis der Liebe.

In der Einheitsübersetzung lautet das Wort Jesu in 21,22: »Wenn ich will, dass er bis zu meinem Kommen bleibt, was geht das dich an?« Wenn wir das griechische Wort »heos erchomai« aber genauer übersetzen, bedeutet es nicht »bis ich komme«, sondern »solange ich komme«. (Vgl. Sanford 2, S. 211f) Dann würde der Lieblingsjünger für eine andere Art der Nachfolge stehen. Petrus ist der Aktivist, der aktiv die Botschaft Jesu verkünden möchte. Der Lieblingsjünger ist der, der einfach bleibt, solange Christus auf mystische Weise zu ihm kommt. Der Lieblingsjünger verändert die Welt nicht durch seine Taten, sondern durch sein Sein, indem er offen bleibt für Christus, der in jedem Augenblick zu ihm kommt, um bei ihm zu wohnen. Sanford zitiert Allan Anderson, der von solchen Menschen sagt: »Ein solcher Mensch tut nichts, aber alles wird getan.« (Ebd., S. 212) Wenn diese Übersetzung zutrifft – und nach der griechischen Grammatik müsste sie es –, dann steht der Lieblingsjünger für den

Mystiker, der ganz im Augenblick lebt und in jedem Augenblick das Kommen Christi in seine Seele erfährt.

Das 21. Kapitel hat einen eigenartigen Schluss: »Dieser ist der Jünger, der über all das Zeugnis ablegt und der dieses hier geschrieben hat, und wir wissen, dass sein Zeugnis wahr ist. Es gibt aber noch vieles andere, was Jesus getan hat. Wenn es der Reihe nach aufgeschrieben würde, so könnte, glaube ich, die Welt die Bücher nicht fassen, die dann zu schreiben wären.« (21,25, Übersetzung von Ludger Schenke) Wir brauchen nicht alles zu lesen, was über Jesus geschrieben wurde. Es genügt, immer wieder die Worte zu meditieren, die der Lieblingsjünger uns im Johannesevangelium überliefert hat. Sie wollen uns die Augen für das Eigentliche öffnen. Es geht nicht darum, viel zu wissen, sondern durchzublicken. Es geht nicht darum, der Reihe nach die Geschichte Jesu zu erzählen. Entscheidend ist, dass wir in ihm den Offenbarer sehen, der uns den Schleier wegzieht, der über allem liegt, damit wir eins werden mit der Wirklichkeit, damit wir – wie Peter Schellenbaum es ausdrückt – einverstanden sind mit dem Wunderbaren. Einswerden mit der Wirklichkeit, im Einverständnis sein mit dem Wirklichen, das, so meint Schellenbaum, führt zu einem neuen Lebensgefühl, zu einer neuen Unmittelbarkeit des Erlebens, das bringt uns, die wir oft genug tot sind, gefangen in Wiederholungszwängen, zum wirklichen Leben. (Schellenbaum, S. 306f)

Der letzte Satz des Johannesevangeliums weist nach Gregor von Nyssa darauf hin, dass der göttliche Geist alles menschliche Begreifen übersteigt. Daher kann er in keinem Buch festgehalten werden. Die ganze Welt kann die Fülle der Lehre Christi nicht aufnehmen. »Denn da Gott alle Dinge in Weisheit erschaffen hat und da es für Seine Weisheit keine Grenze gibt, kann die Welt, die durch ihre eigenen Grenzen gebunden ist, das Ausmaß unbegrenzter Weisheit nicht in sich aufnehmen.« (zitiert bei Sanford 2, S. 213) Jedes Buch, das geschrieben wird, hat nur den Sinn, das Geheimnis des Lebens und der Liebe zu verstehen, das uns Jesus geoffenbart und für das der Lieblingsjünger Zeugnis abgelegt hat. Auch dieses Buch ist nur ein Versuch, das, was uns das Johannesevangelium verkündet, für uns zu entschlüsseln. Am Ende dieses Buches weiß ich, dass alles Ringen um die richtigen Worte zurückbleibt hinter den unergründlichen Worten, die uns der Lieblingsjünger hinterlassen hat. Mit diesem Buch möchte alle einladen, immer wieder neu die Worte des Johannesevangeliums zu meditieren, bis sie ins Herz fallen und im Herzen das Licht aufstrahlt, das in Jesus Christus erschienen ist. Jesus ist als Licht in diese Welt gekommen, um unser Leben zu erhellen, damit es wirkliches Leben wird, wahrhaftes Leben, ewiges Leben, Leben in Fülle. (10,10)

Literatur

Blank, Josef: Das Evangelium nach Johannes. Geistliche Schriftlesung, 4 Bände, Düsseldorf 1977–1981.
Beutler, Johannes: Studien zu den johanneischen Schriften, Stuttgart 1998.
Bouyer, Louis: Das Vierte Evangelium, Salzburg 1968.
Bultmann, Rudolf: Das Evangelium nach Johannes, 11. durchgesehene Auflage, Göttingen 1950.
Grün, Anselm/Riedl, Gerhard: Mystik und Eros, Münsterschwarzach 1993.
Hess, Irmgard: Mann und Frau in der Bibel, Münsterschwarzach 1998.
Huth, Werner: Sinnfindung und meditative Praxis in der Psychotherapie, in: Integrative Therapie 4-2000, S. 471–492.
Léon-Dufour, Xavier: Abendmahl und Abschiedsrede im Neuen Testament, Stuttgart 1983.
Leong, Kenneth S.: Jesus – der Zenlehrer. Das Herz seiner Lehre, Freiburg 2000.
Martini, Carlo M.: Damit ihr Frieden habt. Geistliches Leben nach dem Johannesevangelium, Freiburg 1982.
Sanford, John: Das Johannesevangelium. Eine tiefenpsychologische Auslegung, 2 Bände, München 1997f.
Schellenbaum, Peter: Im Einverständnis mit dem Wunderbaren, in: Couch oder Kirche, hrsg. von Lothar Riedel, Riehen 2001, 305–323.
Schenke, Ludger: Johannes. Kommentar, Düsseldorf 1998.
Schnackenburg, Rudolf: Das Johannesevangelium, 4 Bände, Freiburg 1965ff.
Schneider, Johannes: Das Evangelium nach Johannes, Berlin 1985.
Schwank, Benedikt: Evangelium nach Johannes, St. Ottilien 1996.

Die Deutsche Bibliothek – CIP Einheitsaufnahme
Ein Titeldatensatz für diese Publikation ist bei
Der Deutschen Bibliothek erhältlich.

1   2   3   4   5   06   05   04   03   02

© 2002 Kreuz Verlag GmbH & Co. KG Stuttgart, Zürich
Ein Unternehmen der Verlagsgruppe Dornier
Postfach 80 06 69, 70506 Stuttgart, Tel.: 0711/78 80 30
Sie erreichen uns rund um die Uhr unter www.kreuzverlag.de
Umschlagbild: Codex Millenarius, Johannes (Ausschnitt)
Umschlaggestaltung: Atelier Reichert, Stuttgart
Satz: de·te·pe, Aalen
Druck und Bindung: GGP Media, Pößneck

Die Schreibweise entspricht den Regeln
der neuen Rechtschreibung.

ISBN 3 7831 2107 8

Was Lukas uns zu sagen hat

Anselm Grün
Jesus – Bild des Menschen
144 Seiten, Hardcover
ISBN 3 7831 2013 6

Ein tiefenpsychologischer und zugleich spiritueller Zugang zum Lukasevangelium. Anselm Grün erschließt die Erfahrung, die Lukas mit Jesus gemacht hat, auf lebendige und nachvollziehbare Weise für den heutigen Leser.

KREUZ: Was Menschen bewegt.
www.kreuzverlag.de

Liebe und Geborgenheit

Anselm Grün
Im Haus der Liebe wohnen
160 Seiten, Hardcover
ISBN 3 7831 2122 1

Anselm Grün
Geborgenheit finden, Rituale feiern
160 Seiten, Hardcover
ISBN 3 7831 2120 5

Das ganz andere Buch über die Liebe: Anselm Grün zeigt, wie Sexualität und Gottesliebe zusammengehören.

Wege zu mehr Lebensfreude: Anselm Grün zeigt Beispiele für persönliche, familiäre und soziale Rituale.

KREUZ: Was Menschen bewegt.
www.kreuzverlag.de

Selbstwertgefühl und Freude

Anselm Grün
**Selbstwert entwickeln,
Ohnmacht meistern**
144 Seiten, Hardcover
ISBN 3 7831 2119 1

Anselm Grün
**Die eigene Freude
wiederfinden**
160 Seiten, Hardcover
ISBN 3 7831 2121 3

Das ideale Geschenk: Anselm Grün zeigt Wege zu einem besseren Selbstwertgefühl und einem konstruktiven Umgang mit Ohnmachtsgefühlen.

Allen Traurigkeiten des Lebens zum Trotz: Anselm Grün weist Wege zu den oft verschütteten Quellen der Lebensfreude.

KREUZ: Was Menschen bewegt.
www.kreuzverlag.de